子どもと創る言葉の学び

全国国語授業研究会・
筑波大学附属小学校国語研究部 編

東洋館出版社

ま　え　が　き

　自立した学び手としての子どもを育てるために、私たち教師は日々の授業を工夫しています。しかし、まだまだ私たちにはできることがあるのではないか、もっとしなければならないことがあるのではないか、という自問自答をしながらの実践でしょう。

　全国国語授業研究会は、「子どもと創る」を大きなキーワードとして、機関誌を発行してきました。2023年3月からは、WEB版での情報発信に切り替え、より多くの先生方に、気軽にアクセスしてもらえるようになりました。学びを、授業を「子どもと創る」という本会の理念は、文部科学省が中央教育審議会の答申を受けて打ち出している「個別最適な学びと協働的な学びの一体的な充実」につながる、とても重要な考え方であると自負しています。

　子どもが、自分の学びのスタイルを、自分の特性に応じて創ることができるようにすること。これは、これからの授業づくりの、とりわけ国語科の授業づくりにとって大きな課題です。

　これまでの国語科の授業の多くは、教室の子どもたちがみんなで同じ学習材を読み、教師の発問に答えるかたちで進められてきました。時には、アウトプットの言語活動が展開され、新聞やポスターを作ったり、音読発表をしたりと、子どもたちは様々な活動を経験してきたことでしょう。このような授業を充実させようと、教師は一生懸命に教材研究をし、発問を考えたり、多様な言語活動を設定したりしてきました。これは間違ったことではないし、これからも続いていくことでしょう。

　では、これからの学びを創るためには、何を変えていく必要があるのか。このままでいいものは何か？　その取捨選択のための指針となる考え方は何か？　私たち教師自身が、まだまだ霧の中にいるような状況が続いているといえます。

　こうした疑問の解決に向かうための柱の一つに、教師が「子どもと言葉の学びを創る」という考え方があるのではないかと思います。教師が、全ての授業プランや単元案を構想して実践するのではなく、子どもと共に学びの空間を創るという発想です。

　もちろん、学年の発達段階や、子どもたちのそれまでの学びの経験の実態が一番大切ですから、どこから、どのように手を付けるとよいのかは、充分に考慮しなければなりません。小さな一歩から、できるところから始めることが大切でしょう。それでも、子どもに学びを委ねる場面を創っていこうという発想をもつことで、授業は変わるはずです。そしてそれが、前述した「個別最適な学びと協働的な学びの一体的な充実」にもつながっていくはずです。

　本大会や本書が、その小さな一歩を踏み出すための手がかりやヒントになれれば幸いです。大切なことは、私たち教師が、共に考えていくことです。

令和5年8月　　全国国語授業研究会会長　　青木伸生

も く じ

I 章

提案授業
―写真と授業記録で見る　子どもと創る国語授業―

II 章

定番教材で考える　子どもと創る言葉の学び
―「個別最適な学び」と「協働的な学び」が
　充実する国語授業―

提案授業

―写真と授業記録で見る
子どもと創る国語授業―

提案授業

「やまなし」

単元名　宮沢賢治の世界〜宮沢賢治作品のよさを紹介し合おう〜

授業者：弥延浩史（筑波大学附属小学校）
児童：筑波大学附属小学校6年

1 ・ 提案内容

　小学校6年間の文学的文章の学びにおいて、最終的なゴールは「作品の主題をとらえること」にあると考える。「その作品から自分は何を受け取ったのか」を表現できることが大切である。その中で、作品との出合いの部分をどうつくるかというところを考えてみたい。

　初発の感想を書くという活動があるが、これまで筆者の実践では個々の感想を生かし切れていないという実感があった。そこで、本実践では作品との出合いを「読後感」にして表すことで、「個々の見方、考え方を生かした学習者主体の学びが展開されること」、「読後感から生まれる問いが、作品の主題ともつながっていくこと」を提案する。

　なお、学級において読後感は、初読の感想を「ひとことで表す」、「自分の気持ちを表した言葉にする」という条件を付している。読後感の交流場面をここで紹介する。

2 ・ 教材分析

　「やまなし」は、「五月」と「十二月」の世界が対比的に示されていることが特徴である。比喩やオノマトペの表現も、本作に独特の魅力を生み出していると言えるだろう。この二つの世界には「死」と「生」が象徴的に示されている。妹の死が、本作に影響を与えたという話があるが、賢治が思う理想の世界が「十二月」の場面には色濃く出ていると言えるだろう。

　その中で、「五月」と「十二月」の場面の対比を考え、題名である「やまなし」が「十二月」にしか出てこない意味を考えることで、主題に迫ることができるのではないかと考える。

3 ・ 単元計画

第一次　「やまなし」を読み、読後感を書き伝え合う　（第1・2時）…本時は第2時
　・物語の設定やあらすじを確認する。
　・読後感を書き、交流する。

第二次　「やまなし」を読み、ほかの宮沢賢治作品とも比べながら
**　　　　主題をまとめ、交流する（第3〜7時）**
　・資料「イーハトーブの夢」を読み、賢治の生き方を知る
　・「五月」と「十二月」で対比されていることを考える。
　・題名の意味から主題を考える。
　・主題を書き、交流する。

第三次　宮沢賢治作品を紹介する文章を、主題と関連付けて書く（第8時）

導　入

1・物語の設定の確認

弥延 前の時間は物語の設定の確認をしました。物語の設定で大事なことが３つありましたよね。

児童 「時」。

弥延 「時」が一つ目ですね。ほかには？

児童 「場所」。

弥延 「場所」ですね。あと一つはみなさんでどうぞ。

全児童 「人物」。

弥延 「時」「場所」「人物」の３つでしたね。この物語の「時」は？

児童 「五月」と「十二月」。

弥延 「五月」と「十二月」の２場面で分かれています。「場所」は？

児童 小さな谷川の底。

弥延 谷川はどのあたりにあるのですか。

児童 谷川だから山沿いにある。

弥延 そうですね、山があるから谷があるという話になりましたね。「人物」はどうでしょうか。外せない人物から確認していきましょう。

児童 かにのお兄ちゃんと、弟。

児童 かにのお父さんも。

弥延 ほかにも、かわせみ、やまなしが出てくるという話になりました。誰が中心人物という話になっていましたか？

児童 かにの兄弟。

児童 でも、まだ分からない。

弥延 詳しく読む前の予想ではかにの兄弟でしたね。まず、これらの設定をもう一度確認しておきましょう。

展　開

2・読後感を考える

弥延 この話の作者は宮沢賢治でした。５年生の時には「注文の多い料理店」を読んだり、伝記を読んだり、さらには個人で宮沢賢治のほかの作品を読んだりしてきました。「注文の多い料理店」の時と同じように、今回の「やまなし」も「読後感」からみんなで考えて始めていきたいと思います。「読後感」のきまりは何でしたか？

児童　自分の気持ちを表す言葉。

児童　一言で。

弥延　自分の気持ちを一言で表す言葉、でしたね。

児童　そのあとに理由をつける。

弥延　今日は「やまなし」の「読後感」を考えます。「読後感」をノートに書いて、理由も考えていきましょう。

―教科書本文が印刷されたプリントを用いて、もう一度黙読したり、プリントに書き込んだりしたりしながら個で「読後感」を考える。ノートに「読後感」と理由を書いていく。

弥延　時間の途中ですが、「ほかの作品と比べてもいいですか」と質問がありました。みんなは、この気持ち分かる？　どの作品と比べたいのかな。

児童　宮沢賢治のほかの作品。

弥延　みんなで共通して学んだのは何でしたか？

全児童　「注文の多い料理店」

弥延　そうですね。自分の「読後感」を考えるときに、前の作品が関連することもありますね。

―教師はこの時間机間を周り、「読後感」を書けた児童の話を聞いたり、必要に応じて助言をしたりする。

弥延　近くの人と話をしたい人はいますか？
　　　動いても構いませんよ。

―個で考える児童、隣の人と考える児童、複数人で相談する児童などそれぞれの方法で「読後感」を整理していく

児童　「五月」と「十二月」で分かれているから難しい。

児童　これまでの話と違って、なんか作りにくい。

弥延　よりよい「読後感」としての言葉は何かを考えているんですね。感覚的に「これかな」と思う言葉で大丈夫ですよ。話を読んで自分がどう思ったかという気持ちを大事にしていきましょう。

3 ・ 読後感を共有する

弥延　では、まず「読後感」をすべて出してみましょう。その後で理由を聞いてみたい読後感について教えてください。今回、読後感を作りにくいと感じたことなども確認していけるといいですね。

児童　「不思議」。

> **解説**
> 読後感は初読の感想を一言で表すこと、自分の気持ちを表した言葉であることを条件としている。読後感は様々出されるが、これが学びの起点となる。

児童	私も似ている。（他にも複数の反応があり）

児童　私も似ている。（他にも複数の反応があり）

弥延　不思議に共感している人たちが多いですね。反応があるのはいいですね。どんどんいきましょう。

児童　「違和感」。あともう一つある。

弥延　もう一つある？　今までにないパターンですね。

児童　もう一つは、「ほっとする」。

弥延　これに似た読後感を書いていた人がいましたね。

児童　「ほっこり」。

弥延　ほかにもこのような読後感に似ている人はいますか？

児童　「あたたかい」。

児童　少し違うかもしれないけれど、「たのしそう」。

児童　「ふんわり」。

弥延　「ほっこり」などの読後感、この気持ちが分かる人？

児童　かにの親子の話がほっこりするからかな。

児童　あ～。親子の関係や兄弟の関係が見えるよね。

弥延　ほかにはどうですか。

児童　「複雑」。

児童　「もやもや」。

児童　「すばらしい」。

児童　「独特」。

児童　「美しい」。

児童　その気持ち、分かる。

弥延　美しいに共感した？

児童　「きれい」。

児童　「新鮮」。

児童　「むずかしい」。

児童　「おもしろい」。

児童　「よかったね」。

児童　あぁ～。たしかに。

弥延　「あぁ～」というのはどうして？

児童　最初の「五月」のほうはあまり「よかったね」という読後感はないけれど、「十二月」の最後のほうは、印象的で「よかったね」となる。

弥延　この話は「五月」と「十二月」で大きく二つの場面で、比べられていますよね。こういうのを何と言うか覚えていますか？

全児童　対比。

弥延　そうですね、対比されています。後半の場面が印象的でこの読後感になるという気持ちは分かる？

児童　「五月」だけ読んだらマイナスのほうが多そう。

児童　「十二月」はプラスになる。

弥延　今の話を聞くと、「五月」はマイナス、「十二月」はプ

解説

読後感については、すべて板書する。視覚的に表すことで、「なぜそういう読後感なのかな」「詳しく読んでみたいな」というような、読むための必要感が生まれる。

児童 だから、読後感もプラスのものとマイナスのもので分かれている。マイナスというか、話が読み取りにくい感じが読後感に出ている。

弥延 話が読み取りにくいという気持ちは分かる？

児童 今までの話のように最後に人物の気持ちが書かれていないし、「これで私の幻灯はおしまいであります」と語り手が出てくるから分かりにくいというか……。

弥延 なるほど。頷いている人が多いね。ほかにもある？

児童 「よかった」。

児童 「どきどき」。

児童 「あわただしい」。

児童 「成長」。「成長したね」みたいな。

児童 私は、黒板の上のほうは、かにの親子からきたプラスの読後感が多いと思う。美しいとかきれいは景色から。

児童 そう考えると、「不思議」は上じゃないかな。

児童 不思議は上でもなく、下でもない、その間みたいな。

弥延 先生は上下に読後感を分けましたが、みんなは上がプラスなイメージの読後感、下はマイナスとかそれ以外のイメージをもったんだね。

児童 「不思議」ってプラスでもマイナスでもない感じだよ。

弥延 そうしたら「不思議」はどちらでもなくて、少し離れたところに書いておきますね。

4・聞いてみたい読後感の理由を 確認する

弥延 上と下に分けた読後感で聞いてみたいものはありますか？

児童 「あわただしい」。

弥延 この読後感を出してくれた人、説明してくれますか。

児童 「五月」はかわせみで、「十二月」はやまなしが落ちてきて、その落ちている間やその後があわただしい感じがしたから。

弥延 展開がということですか？　今、「五月」と「十二月」の違いを話してくれましたが、かにたちの前に現れたのはそれぞれ何でしたか？

児童 「五月」はかわせみで、「十二月」はやまなし。

弥延 そうでしたね。

児童 題名にあるやまなしは「十二月」にしか出てこない。

弥延 今までに習った物語では、どのようなものが題名になっていたかな。

児童 物語の中で重要なキーワードになっているものが題名

解説

板書を上下段に分けた。これにより、プラスイメージの読後感とそうでないものが明確になる。その気付きから、読後感の理由を問うことにつなげていく。

になっている。

児童　中心人物で、一番心情の変化があった人物。

児童　キーアイテム。

弥延　そうですね。重要な出来事や「一つの花」のような
　　　キーアイテムが題名になっていることがありました
　　　ね。片方の場面にしかでてきていないやまなしも重要
　　　だということを確認しておきましょう。そのほか、聞
　　　いてみたい読後感はある？

児童　「違和感」。

児童　ほかの宮沢賢治の作品は大体、人と動物が関わってい
　　　ることが多いけど、「やまなし」はかにしか出てこない。

弥延　なるほど。動物しか出てこない物語は読んだことな
　　　い？

児童　宮沢賢治の作品だと、人間と動物が大体出てきて、動
　　　物も人間のように話す作品が多いと思うけど、今回は
　　　人間が出てこない。

児童　分かる。人間の直さないといけないところなどが主題
　　　になっていることが多かったけど、今回は人間に向
　　　かって言っているのかなっていう違和感……。

児童　あ〜。人間の教訓みたいな。

弥延　今、主題という言葉が出ましたが、主題とは作品の中
　　　で最も強く読み手が受け止めたものですよね。この観
　　　点でもう少し話がしたい人はいますか？

児童　「注文の多い料理店」だと、話の内容や終わり方から
　　　読者に伝えたいことが読み取れていたけど、「やまな
　　　し」は終わり方も違うし、人間が出てこないから、ほ
　　　かの作品とは違う。

児童　宮沢賢治の作品で「銀河鉄道の夜」のあとがきにあ
　　　る、宮沢賢治の三次元や四次元に関する考え方を読ん
　　　でみると、世界線が変わる話が多いんじゃないかな。
　　　でも、この作品は世界線が一切変わらない。

児童　何を伝えたいのか分かりにくいところがある。

弥延　これまでの学習だと、読後感が主題につながることが
　　　多かったよね。その読後感が作りにくいから主題をと
　　　らえにくいという印象になっているということです
　　　ね。ほかにも理由を聞いてみたい読後感はありますか。

児童　「新鮮」。

児童　「新鮮」っていうのは、物語全体の流れがこれまでと
　　　違うから新鮮という意味。最初に、「小さな谷川の底
　　　をうつした二枚の青い幻灯です」と始まるけれど、語
　　　り手が読者にどんな物語が始まるのだろうと思わせる
　　　書き方がされているし、最後には「私の幻灯はこれで

解説
読後感の理由を問うことで、「注
文の多い料理店」でも読後感を書
いたり、主題を考えたりしてきた
ことや、これまでほかの宮沢賢治
作品を読んできたことと関連付け
て考えていることが見えてくる。

おしまいであります。」と語り手が終わりを伝えているのが新鮮だと思う。

弥延　いまの「新鮮」というのは、最初と最後の一文ということ？　その間に「五月」と「十二月」の場面がはさまれているね。物語の展開は、語り手→五月→十二月→語り手になっていますが、「私」ってだれだろう？

児童　宮沢賢治。

弥延　そう捉えることもできますよね。ほかの読後感で聞きたいことはありますか。

児童　「美しい」。

児童　この物語は比喩表現が多くて、表しているものが美しいと思った。

児童　私もそう思った。

弥延　どんな比喩表現が美しいと思った？

児童　「金剛石の粉をはいているよう」と、「〜天井では波が青白い火を燃やしたり…」というところ。

児童　気持ちを表す言葉が少ないから、この作品は情景描写でかにの気持ちを表しているんじゃないかな。

児童　青白い炎や金剛石の粉という表現から、プラスやマイナスのイメージが表されていて、かにの気持ちが暗示されているんじゃないかな。

弥延　ということは、これから情景描写や比喩に気を付けて読んでいくことが大切になりそうですね。

児童　どの比喩表現も色が入っている。

弥延　なるほど、色ですね。ほかにはありますか？

児童　「独特」。

児童　違和感と似ている気がするけれど、宮沢賢治作品は人間と動物の関わりが多いのに、この作品は違う。

児童　5年生で宮沢賢治の伝記を読んだとき、最初に人間も動物も自然の中で一つになってと書いてあったけど、「やまなし」は人間との関係性が出てきていないから独特な感じがする。

弥延　なるほど。これまでの学習ともつなげて考えましたね。時間が無くなってきたので最後。どうですか。

児童　「きれい」。「美しい」とはちょっと違うのかな。

児童　比喩表現というか、「日光の金」とか表し方、書き方がきれいだなと思った。本当はない表現もありそうだなと思った。

弥延　なるほど。そういえば最初のほうに話題になった「不思議」について聞いてなかったね。

児童　宮沢賢治のいつもの作品と全然違う感じがして不思議だった。主題はどうなのかなって。あと、普段使わな

い比喩表現をたくさん使っているから不思議。

弥延　いま出てきたみんなの読後感の理由をまとめると、大きく分けて３つになると思います。１つ目は、比喩や情景描写などの表現から得られたもの。２つ目は人物から得られたもの。３つ目は作品の構造、物語の流れから得られたもの。でも、読後感が作りにくいと聞いたのは初めてです。いつもは理由が似ていたり共通点が見えたりして、そこからみんなで解決したい問いを作ってきましたね。今回はちょっと厳しいかな？

児童　難しそうだけど作ってみたい。

児童　宮沢賢治はどういうことを伝えたかったのかを考える。

児童　それが分かれば、中心人物やほかのことも分かってくると思うよ。

弥延　では、みんなはどこを読んでいけばいいのだろう。

児童　「十二月」。

児童　いや、「五月」と「十二月」の違いや変化。

児童　なぜ、「やまなし」という題名にしたのかまとめられれば、この物語について分かると思う。

弥延　今の話から君たちはどんな問いをもってこの作品を読んでいこうということになるのかな？

児童　なぜ題名が「やまなし」なのか。

児童　十二月にしか出てこない「やまなし」が題名なのか。

児童　この作品で宮沢賢治は読者に何を伝えたかったのか。

弥延　五月と十二月の場面を比べて読むことや、やまなしがこの作品に対してどんな意味をもっているのか、主題は何なのかということを次の時間から考えていくことになりますね。今日はここで終わりにしましょう。

解説

読後感の理由について、作品の主題と今後関連していきそうなもの、第二次以降に読みの軸になりそうなものについては、教師側からもその理由について問いかけるようにする。

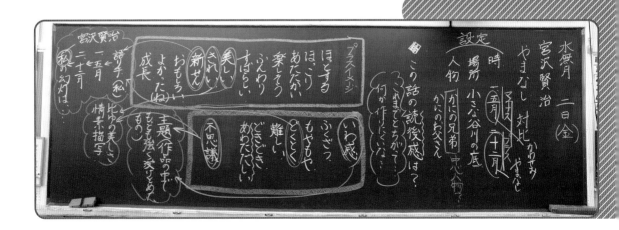

提案授業

「いろいろなふね」

単元名　はたらく乗り物を紹介しよう

授業者：青木伸生（筑波大学附属小学校）
児童：筑波大学附属小学校１年

1 ・ 表現するために読む単元づくり

　１年生６月の実践である。「はたらく乗り物を紹介しよう」という単元を設定し、身のまわりの乗り物について、仕事の内容とそれに応じたつくりについて紹介する。紹介するために、大きく２種類の資料を用意した。

　一つは、アウトプットを助けるために読む、１年生の教科書教材である。本単元では、「はたらくじどう車」（教出）「じどう車くらべ」（光村）「いろいろなふね」（東書）を読むことにした。どの文章も１年生の教科書に掲載されているもので、子どもの表現を手助けできる書きぶりになっている。もう一つは、仕事とつくりを調べるための、図鑑などの読み物資料である。子どもたちは、自分の選んだ乗り物について調べ、教科書にある書きぶりを使って紹介する。

　また、本単元における子どもの表現活動は、基本的に音声言語によるものとした。この時期に書かせてから紹介し合う活動は難しいと判断したためである。子どもたちは音声言語による紹介をし合ったが、発表のために各自がメモや下書きなど、書く活動も必要に応じて加わった。

2 ・ 教材分析

　「いろいろなふね」は、はじめ・なか・おわりの三つのまとまりで構成された、典型的な説明文学習材である。はじめの部分で話題提示がされており、その後ろに、客船、フェリーボート、漁船、消防艇という四つの船が事例として書かれている。最後に、事例をまとめた文章のある尾括型の文章である。子どもたちにとって、具体的事例の書きぶりが分かれば、自分の表現活動に役立つ。本時では、事例のみならず、全体的な文章構成についても学べるような展開をした。

3 ・ 単元計画

第一次　単元の目標を設定し、学習の見通しを立てる　（第１時）
　・自分の知っている「はたらく乗り物」を発表し合う。
　・自分が紹介するとしたら、何にするかを決める。
第二次　複数の説明文を読み、自分の表現に活かす（第２〜５時）
　・「はたらくじどう車」「じどう車しらべ」「いろいろなふね」を読み、紹介の仕方を参考にする。
　・それぞれの乗り物の仕事と、それに応じたつくりについて具体的に知る。
　・自分の紹介したい乗り物について、発表の準備を進める。
第三次　自分の調べた乗り物を紹介し合う（第６・７時）
　・教室に発表会場を複数設置し、紹介し合う。
　・自分の活動について振り返る。

前時までの流れ

自分の紹介したい乗り物を決める

　子どもたちの身のまわりには、様々な乗り物が仕事をしている。自分の知っている乗り物を、友達に紹介しようという投げかけをして、単元が始まった。

　子どもは、自分の経験を活かしたり、図鑑などの資料をもとに調べたりして、自分の選んだ乗り物について発表の準備を進めていった。

　発表は基本的に音声言語で行う。自分の発表に際して、提示する乗り物を用意することにした。提示用の資料は、自分で描いても、図鑑などのコピーを使用してもよいことにした。

乗り物の紹介の準備を進める

　子どもが準備した提示用カードは以下のようなものである。ここでは、自分で描いたもののみを紹介している。図鑑などのもとになる資料を見ながら、丁寧に描いていた。

　活動が進む中で、子どもが「発表のために、提示用カードの裏側などに、自分の言葉を書いてもよいか」という質問をしてきた。もちろんそれはよいことにした。結果として、ほとんどの子どもが、自分の発表のためのメモを作成した。

導　入

1 ・ 前時の復習と音読練習

青木　前の時間には、自分が選んだ自動車のいろいろなお仕事を紹介しようということを話していました。みなさん、紹介する自動車がきまりましたか？　それでは、自分が何の自動車を紹介しようとしているか教えてくれる人？

解説

初めは、働く自動車を紹介しようと投げかけた。どのような自動車を紹介したいかという活動指示をしているが、「飛行機を紹介したい」という子どもがいたために、自動車に限らず、乗り物全般を対象にした。

―児童全員の手が挙がる

児童　ごみ収集車。

青木　ごみ収集車、とても大事な仕事をしていますよね。

児童　救急車。

児童　消防車。

児童　私も消防車。

青木　お友達と同じでもいいですよ。

児童　パトカー。

児童　タクシー。

青木　いいですね、タクシーもないと困りますよね。

児童　パトカー。

児童　僕もタクシー。

児童　トゥクトゥク。

児童　トゥクトゥクって何？

青木　外国で大事なお仕事をしている車ですね。知らない人は友達が発表する内容をよく聞くようにしましょう。

児童　ごみ収集車。

児童　はしご車。

青木　まだまだありますね。今手を挙げている人全員で言いましょう、せーの。

―児童それぞれが紹介したい自動車を言う

青木　一人ひとりが紹介したい車の紹介をできるといいですよね。今日は、自動車を紹介するときに役立つかもしれないお話を読みます。「いろいろなふね」のプリントを出してください。まずは、自分で読む練習をします。

―プリントを見ながら、児童が各自音読

青木　はい、やめてください。今度は全員で音読します。今日は前の人から順番に読んでいきます。

周りの人に聞こえるように大きな声ではっきりと読みましょう。1人1回必ず読みます。どうぞ。

―児童が段落で交代して、順番に音読していく。
　児童が読んだら「上手」「いいね」と声かけをしながら、テンポよく進めていく。

2 ・ 作品の構造を明らかにする

青木　この説明文の文章は何型ですか？
児童　おしり型。
児童　電車型。
児童　サンドイッチ型。
青木　なるほど。意見が分かれたので聞いてみます。
　　　頭型だと思う人？

―手が挙がらない

青木　おしり型だと思った人？

―複数の児童の手が挙がる

青木　サンドイッチ型だと思った人？

―複数の児童の手が挙がる

青木　列車型だと思った人？

―手が挙がらない

青木　サンドイッチ型の人が一番多かったですね。頭型の人
　　　はいなかったですね。
児童　いるわけないよ。
青木　頭型ではない理由が言える人はいますか。
児童　14段落にまとめがあるから。
児童　1段落には「ふねには、いろいろなものがあります」
　　　とまとめが書いてあるけど、14段落にも「いろいろ
　　　なふねが、それぞれのやく目にあうようにつくられて
　　　います」とまとめが書いているからです。
青木　なるほど。発表の仕方がとてもいいですね。
児童　私もそう思った。
青木　では、もう一度自分の言葉で言ってみてください。
児童　1段落と14段落がまとめで、最初と最後ではさんで
　　　いるからサンドイッチ型だと思いました。
児童　1段落にも14段落にも「いろいろなふね」という言
　　　葉があるから。

解説
まずは文章全体を大きく捉える学習
をした。頭括型、尾括型などという
用語は低学年の子どもには難しいの
で、私の学級では、あたま型、おし
り型、サンドイッチ型と名付けてい
る。時系列の文章は列車型。

青木　そう考えたのですね。
　　　では、1段落と14段落で同じ言葉は何ですか。赤鉛筆で線を引いてみましょう。

―児童が1段落と14段落で共通する言葉に赤鉛筆で線を引く

青木　線が引けたら、隣の人と同じ所に線が引けているか確かめてください。

―児童が隣の人と線を引いたところを確認し合う

青木　どこに線を引いたか教えてくれる人？
児童　「いろいろな」。
青木　ほかにもありますか。
児童　「ふね」。
児童　「います」の「ます」。
青木　これで全部ですか。
全児童　はい。
青木　では、次は1段落にはないけど、14段落にはある言葉を見つけて、青い線を引きます。

―児童が1段落にはないが、14段落にある言葉を見つけて線を引く

青木　書けた人は教えてください。
児童　14段落の「つくられて」のところ。
児童　「ふねが」の「が」。
児童　「それぞれの」
青木　まだありますか。
児童　「やく目」。
児童　「あうように」。
児童　言葉が全部つながっている！
青木　このように、1段落にはないけど14段落にある言葉はたくさんありますね。

―板書には上段に1段落と14段落に共通する言葉、下段に1段落と14段落で異なる言葉をそれぞれまとめていく。

3・紹介されている船の種類を確かめる

青木　このお話の中には船が何種類紹介されていますか。

—児童がそれぞれ考えを言う

青木 全員同じ答えでしょうか。全員で言いましょう。
せーの。

—ほとんどが「4」と答えるが、「3」と答える児童もいる

青木 あれ、バラバラでしたね。4 だと思った人？

—ほとんどの児童が手を挙げる

青木 3 だと思った人？

—数名の児童が手を挙げる

青木 4 でも 3 でもないと思った人？

—誰も手を挙げない

青木 数え方に違いが出てくると面白いですね。では、4 だ
と思った人、1 つ目の船は何ですか。
児童 客船。
青木 2 つ目は何ですか。
児童 フェリーボート。
児童 フェリーボートは人間だけではなく、トラックや自動
車も乗せることができますね。3 つ目は何ですか。
児童 漁船。
青木 漁船は魚をとる船だよね。4 つ目は何ですか。
全児童 消防艇。
青木 消防艇は火事の時に水を出すことができますね。

4・役目の似ている船はどれか 考える

青木 出てきた船の種類をバラバラに数えたら 4 種類でし
た。これを 3 種類と数えた人がいたけれど、どうした
ら 3 種類になりますか？　どれかとどれかが合体でき
るということですよね。隣の人と相談してみてくださ
い。

解説
具体的な事例を数えながら、仲間
分けする活動である。「種類」を
聞くことによって、内容を精査・
解釈する活動になるように仕掛け
ている。写真による見た目で仲間
分けする子どももいた。

—児童が隣の人と相談する

青木 合体できるものがどれか教えてくれる人？

児童　フェリーボートと消防艇。
児童　漁船と客船。
児童　違うと思う。
青木　いろんな組み合わせがあるのは面白いね。
児童　漁船と消防艇。
児童　フェリーボートと客船。
青木　ほかにはもうないですか。
児童　フェリーボートと客船と漁船。
青木　3つ合体したら2種類になってしまうね。今はバラバ
　　　ラで数えたら4種類だけど、何かと何かを合体したら
　　　3種類になるという話をしていましたよ。さらに2種
　　　類にもなるという考えが出てきました。

青木　客船とフェリーボートを合体させたわけが言える人？

―たくさんの児童の手が挙がる

児童　どちらも人を乗せることができると書いているから。
青木　今大事なことを言ってくれました。プリントをしっか
　　　り読んだら分かりますよね。見ないと分かりません。
　　　プリントに証拠が書いてあります。
児童　どちらも人をたくさん乗せられると書いているから。
青木　はい。隣の人とわけをもう一度確かめてください。

―隣同士でわけを確認する。

青木　客船とフェリーボートを合体できるわけをもう一度言
　　　える人？
児童　どちらも人をたくさん乗せる。
青木　だから客船とフェリーボートは合体できるのですね。
　　　漁船には漁師さんはいるけれど、お客さんは乗せない
　　　ですよね。

5 ・ それぞれの船の役目を確認する

青木　客船とフェリーボートは人をたくさん乗せるために、
　　　どんなものがありますか。

―多くの児童の手が挙がる

児童　客室があるからたくさんの人が休める。
青木　そうですね。今言ってくれたこともう一度言える人？
児童　客室でたくさんの人が休める。

児童　フェリーボートは車を置くところもある。

青木　そうですね。フェリーボートは車に乗っている人も休めます。そうすると客船とフェリーボートは合体してもいいですか。

全児童　いいです。

青木　そうしたら、船の種類は３種類になりました。
　　　次に、漁船は魚をとるために何がありますか。

―多くの児童の手が挙がる

児童　あみと魚を見つける機械。

青木　そうですね。消防艇には何がある？

―多くの児童の手が挙がる。

青木　プリントを見て、答えをみつけてくださいね。

児童　ポンプやホース。

青木　よく見つけましたね。
　　　これは14段落のどことつながっているか分かりますか。漁船にあみや機械があるのは？

児童　魚をとるため。

青木　消防艇は何でポンプやホースがあるの？

児童　火事の時に火を消すため。

青木　客船とフェリーボートには何で客室があるのかな？

児童　人をたくさん乗せるため。

青木　そうですよね。このように「～のため」というのが14段落にある「やく目」ということです。この言葉が「まとめ」の目印ですよ。
　　　１段落目に「やく目」という言葉はありますか？

児童　ないです。

青木　ということは、１段落は「まとめ」ではないですね。間違いやすいですが、１段落は紹介です。
　　　１段落には、「まとめ」に必要な「やく目」という重要な言葉がないので、「まとめ」ではありません。
　　　ということは……？

全児童　おしり型。

青木　そうですね。この説明文はおしり型です。
　　　でも、１段落と14段落で同じ言葉があることを見つけたことは大切ですよ。今日の授業はこれで終わりです。

解説

「～ため」という言葉に着目して、それがそれぞれの船の「役目」の紹介になっていることを確かめた。そして、その言葉がない１段落は「まとめ」とは言えないことを確認した。

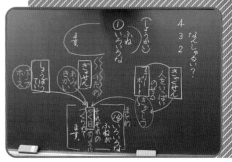

上智大学教授
奈須正裕 先生

インタビュアー：桂　聖 先生（筑波大学附属小学校）

① 国語科における「個別最適な学び」と「協働的な学び」とは

桂　「個別最適な学び」と「協働的な学び」で期待する姿について教えてください。

奈須　国語科は学習内容や活動が様々なので一概には言えませんが、一番分かりやすい「個別最適な学び」は図工科です。特徴が二つあり、一つ目は**必ず単元で取り組むということ**です。単元冒頭には教師としてやって欲しいことを言いますが、それをどんなやり方で、どう工夫するか、どこに何時間使うかは自分のスタイルでやってよいですよね。子どもは「こうしたい」と、個性的な創意や発想、こだわりや得意が出るわけです。単元1時間目の進度はそろっていても、3時間目くらいからバラバラなこともよくあります。終わりそうにない子どもには、先生が声をかけますよね。すると子どもは、「私はこれとこれをやらないといけない」という単元の見通しがもてている。まさに、**「メタ認知」**と**「学習の自己調整」**ができているのです。どうすれば自分のこだわりを実現しつつ終われるかなと考えて、スピードアップするとか、今回はこれを断念しようとか、家に持ち帰ってやるなどします。要求されたことを、こだわりをもって見通しを立ててやり、自己責任で時間内に決着をつけることができている。こう考えると、そんなに難しいことではないのです。

2時間目以降であれば、教師が授業にわざと遅れていくのもいいでしょう。「5分くらい遅れるけれど、みんなで授業を始めておくことはできるかな？」と。低学年でも自分たちで進めることはできます。もっと言えば、5歳の自由遊びでもできます。ある園で、朝からたくさんのおもちゃを出している子どもに話を聞くと、「砂場でこんな活動をしようと思ってお家からもってきた」と言います。前の晩から友達とどんなことをして遊ぼうと見通しをもって準備をしてきているのです。学習の自己調整とか、個別最適自体が大事なのではなくて、自立的なのが大事。それは高度なことではなくて、むしろ幼児教育の延長で丁寧にやっていくことです。

奈須 国語科で一番分かりやすいのが「作文」です。6年生で随筆をやるときは、これまで書いてきた説明文とはここが違うなどは教師が教えますよね。子どもが関心をもつ随筆を複数準備すれば、それらを参考にして、こんなものを書きたいと真似しながら、終わりには自分でテーマを決めて計画を立てて書いていこうとするのです。結局、これをやってみよう、こんな意味があるよ、ここは守ってねと伝えるだけで、いろんな材料や道具を参考にしながら、自分で工夫して単元の見通しをもってやっていくことができるということです。

なお、授業の冒頭5分でも教師が前に立つことを「一斉指導」と呼ぶことがありますが、はじまってみるとそうではありません。一斉指導という言葉が曖昧で広域に使われて、学級単位の授業が全部一斉指導だと思われがちですが、それは違います。一斉指導すべきこともありますが、単元レベルでやるべきことを見据えて、その中で自分が創意をもって、個性的に計画的に進めるということが、一般的な「個別最適な学び」の原理だと思います。

これは、読解の場合にももちろん可能です。単元レベルでいうと、例えば「モチモチの木」（光村3年）の学習では「豆太はおくびょうなのか？」という共通問題が立ち上がる。場面読みを毎時間やるやり方もあるが、青木先生の実践のようにフレームで、単元レベルで読むやり方もあります。その時に、まず一人ひとりがそのお話を行ったり来たりしながら、その問いにその子なりの決着をつけていく。その読みができてきたら、本当にそれでいいのか不安になり「協働」がでてきます。つまり、友達の考えを聞きたいとか、みんなはどう読んだのか話し合いたいということです。話し合って深めるためにも、一人ひとりが自分なりの見通しとこだわりをもった読みをして、ある程度決着をつけていることが大事だと思います。要するに**個別→協働→個別と往還することが大切**だということです。

もう一つは、子どもが自分で追究するときには、**必ず足場になる道具や材料をもっていないといけない**ということです。それは、教師が前の段階から教えておく必要があります。作文を書くときのポイントをきちんと教えてあるから、作文を書ける。読みも同じで、どういうところにサイドラインを引くか、どこに目を付けて読むか、過去の学びでそれを教えているからできる。一旦教師から離れて、1人で道具を使ってみるという場面がすごく大事で、その時子どもは「何に注目して線を引いたりすればよかったっけ」などと思い出そうとします。思い出せない子は身についていないのです。そんな経験をすると自分のお道具箱の道具がいつどんな場合に使えるか自覚できるし、熟達化します。教師がこのお道具をこんなふうに使ってみましょう、といつも言ってしまうと自分で使えるようにならない。この積み重ねで、別の作品でもこの考え方は有効だと問題解決の力が上がるでしょう。

多様な学びの場の在り方を「カラフルなカリキュラム」と私はいいます。一人ひとりが追究したことを、多様な他者と「協働的」に学び深めていく。子ども自身も考え抜いていると議論の根拠が違うし、友達の考えの聞き方も全く違ってきます。子

ども同士のやりとりも深まると思います。そういう意味で、教師がしっかり教える場面、1人で深めて創意工夫を発見していく場面、学びを深めた後に同じように学んできた友達と一緒に相互に吟味する場面、これら3つの学びが大事です。これら3つが出たり入ったり、行ったり来たりすると、どの教科でも豊かになると思います。

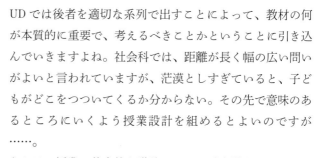

[桂] 3つの学びのうち「教師がしっかり教える場面」は一斉指導にあたりますか？

[奈須] 一斉指導というべきか分かりませんが、市川伸一先生の「教えて考えさせる授業」の最初の場面のイメージに近いです。互恵的にでもいいけど、自分なりに考えたり工夫したりするためには、ベースになる材料は教えていいと思っています。逆に言えばAIドリルや動画を見るのでもいいのです。ただ、先述の通り「一斉」という言葉を危惧していて、学級単位であることがよいという根拠があるのかということはいつも考えています。一番心配なのは、質の高い協働学習を「一斉指導」と呼んでしまうと、「一斉指導でいいのか」と思って毎日教え込んでいる先生がたくさんいるということです。

② 子どもの「問い」を引き出す学び

[桂] ある授業を参観したとき、教師がやることを全て伝えて、子どもは言われたままやるけれど、なぜそれをやらなければいけないかが分かっていないことがありました。つまり、子ども側に「問い」がないということです。一人ひとりの学びが始まるまでに、問いがないとダメですよね。すると、どうやって、子どもが学んでいこうと思う問いを引き出すかというところが気になります。教師と子どものやりとりの中で問いが引き出せないと、次にいかないのです。

[奈須] 問いは距離の長さと幅の広さがあると思っています。**距離が長く幅の広い問い**と、**距離が短く幅が狭い問い**がある。どちらが悪いとかではありません。例えば授業

UDでは後者を適切な系列で出すことによって、教材の何が本質的に重要で、考えるべきことかということに引き込んでいきますよね。社会科では、距離が長く幅の広い問いがよいと言われていますが、茫漠としすぎていると、子どもがどこをつついてくるか分からない。その先で意味のあるところにいくよう授業設計を組めるとよいのですが……。

あとは、授業の基本的な議論として、受容学習と発見学習とがあります。「問い」というと発見学習をイメージするし、質が高いように思われることがあるが、必ずしもそうではありません。子どもの問いというときに、身近で切実で是非ともやりたいという問いが毎時間たつとは思っていなくて、今日は国語でこのお話をみんなで読む、読むから

には深めて読む、発見がほしいとか、感動したいとかいう求めをもっているじゃないですか。どの角度から入れば、そんな子どもの望みに近づけるかを考えますよね。私はそこに重たすぎる教師の願いのようなものを持ち込むことは、子どもにとってかえって迷惑な場合があると思います。学んだ後に、子どもが「学んでよかった」と思えればそれでよいし、学校に来てできることが増えた、面白いことが分かった、感動した、教科の面白さが分かった、それでよいと思います。

桂 私は、少なくとも「先生、今日の国語は何するの？」と子どもに言われる授業はしたくないと思っています。そのためにも、単元ベースで授業を考えるということを大事にしています。さらに、作文とか音声言語は表現なので、「個別最適」な場面が多くありますが、読むことについては2種類あると考えています。一つ目は、みんなで読みあうために読み直す。二つ目は、**自分が表現するために読み直す**ということです。例えば、2年生「どうぶつ園のじゅうい」（光村）の授業では、1日の仕事リーフレットを作りたい、そのために「どうぶつ園のじゅうい」を読み直す。読むことの授業を理解の学習ではなくて、表現の学習として構想する。そうすると、子どもの「やりたい」「読み直したい」という気持ちが切実になると感じています。読みあうために読み直すのは、子どもにとっては辛いこともあります。

③ 「書くこと」の重要性と個別最適な学び

奈須 国際的にいうと、一般的には書くために読みますよね。アメリカはライティングが国語の基本で、日本のような説明文自体を読解するということはあまりやらないと思います。日本の説明文読解の授業で不満なのは、読んで終わりということ。もちろん、最近では「すがたをかえる大豆」（光村3年）を読んで、学んだ構造やポイントを使って、すがたを変える食品の説明文を書くという実践もあり、それはすごくいいと思っています。先ほども言ったように、読むときに学んだことを使って、一人でやってみるということが大切だと思います。読むことよりも書くことが当然難しくて、説明文は読めても、それを使って書くことは難しい。書くために読み深める。社会に出たときに、国語科で学んだことが一番フォーマルに役に立つのは「書く」ことですよね。

桂 子どもに「スイミー面白いよね。じゃあ、スイミーⅡを作ってみない？」というと、本気でスイミーの元の文章を読み直します。文学も書くために読み直すという実践が構想できます。読みあうために読み直すこともちろんいいですが、表現するために書くために読み直すということも大事です。

奈須 そちらに重点をおいていってもいいのかもしれませんね。今、書くことの授業時数

は特に少ないですよね。もっと書くという活動をフォーマルにきちんと組んで、読むと書くの行ったり来たり、つまりシンメトリーが大事なのではないでしょうか。先述の実践も、結局書こうとするとどんな構造や順番、言葉を使っているかテキストに戻りますよね。

(桂) 普段の授業では、「これはどんな事例になっている？」と教師が尋ねるから考え始めるという流れがあります。

(奈須) そうですよね。「思考したものを表現する」と考えがちですが、実は**「表現する機会が思考を導く」**し、**「表現する機会が自分の思考をより自覚的にする」**のです。だから、どんな表現機会をつくるかということが、どんな思考を深める機会をつくるかということに影響しているのです。例えば生活科では、調べたことをまとめて伝えるときに、ポスターや新聞などにすることが多いです。しかし、新聞と紙芝居ではそこに引っ張られる思考や気付きが全然違います。どんな思考、気付きを子どもに生み出したいかによって、どんな表現の機会をつくるかをもっと自覚的に変えていこうという話は生活科でも出てきています。音声言語と文字言語も違いますし、話した方がいい場合と書いた方がいい場合もあります。表現しようとすると思考するし、思考が自覚化されるので、道具として自在に使えるようになりますよね。

(桂) 今担任している3年生の子は、単元を通して書くことを大事にしているからか、以前に比べて学力が高い気がします。

(奈須) 書いた方が確実に学力は上がりますよ。昔からですが、書くことにより自分の生活現実や自分の置かれている状況を自覚すると、同時に書く時の言葉をしっかり選ぶ、自分の実感に合う言葉を選んでいくようになるのです。語彙も増えるし、論旨も明確になるし、思考を鍛えるでしょう。

(桂) 個別最適な学びと協働的な学びにおいても、書くことはやはり大事ですね。

(奈須) 今はデジタルが入ってきて、「打つ」ことが増えましたよね。効率的・記録が全部残る・きれいに印字できる・コピーして使えるなどデジタルならではの強みは山ほどあります。表現する機会が膨大に増えたのではないでしょうか。あるいは、授業支援のクラウドでデータのやり取りをするなど、多様な表現ができるようになって、書く甲斐がありますよね。クラウドにあげると友達がみてくれて、コメントをくれて、みんなで協働して編集していく。書くという行為を通して、協働して積みあがって残るから面白いですよ。

(桂) 私が担任をしているクラスでは、1年生のときから提出物をクラウドにアップして管理しています。管理するうえでもとても便利ですし、クラウドに提出するとなると、子どもたちは気合が入ったものを出さざるをえなくて、気が抜けないと思います。

(奈須) それにより、こまめに自分のことを誠実に表現でき、あいまいにしなくなります。面白いのが、実は作文が嫌いな子はいないのです。コンピュータを使うとみんな長

く書けるのです。「文章が長くなったね」と言うと、子どもが「前は書くのが面倒だった」と言います。形容詞や副詞を飛ばしていたというのです。文字を書くのが苦手、嫌いという子は、キーボードになっただけで全然違います。特に、書いた文章を推敲する、自分の表現や思い、語彙であるかを確認することは国語では大事です。手書きも大切ですが、言葉そのものが学びの対象ですから、「打つ」も上手に併用するといいと思っています。

[桂] UDL（学びのユニバーサルデザイン）の発想からいうと、やり方は自分で選ぶということにしています。

[奈須] もちろん、作文が好きな子は手書きでやります。私は字を書くのが好きという子もいます。昔は手書きしか選択肢がなかったので、そういう意味でも個別最適ですね。

④ 子どもと共に創る授業とは

[桂] 「子どもと共に創る授業」に必要な教師の立ち位置やふるまい方などはどうですか。

[奈須] 「子どもと共に創る」というとき、学習計画を相談したりしますよね。その中で、**情報開示をできるだけする**ということはとても大切だと思っています。大きな見通しをもって、彼らが学びを進めていくことが大切。ある意味、自分たちで作っている授業に子ども一人ひとりが参加する権利と、結果に対する責任を負うというイメージです。教師が進める授業を受けるだけだと、「今日何するの？」という授業になってしまいます。一緒にやるということは、「こんなふうにしたらどう？」と子どもも考えるということ。そのために、今度の単元はこんなお話だよ、前にはこんなお話読んだよね、と情報開示していく。すると、子どもはぐっと前のめりになりますよね。そのように単元、年間指導計画、系統で考えることが大事です。

例えば、「まいごのかぎ」（光村3年）と「白いぼうし」（光村4年）では話の内容は全く異なりますが、ファンタジー作品としては続いていると言っていいと思っています。あの時と今回の話は趣が違うこと、共通していることと今回のお話ならではのことを確認して、じゃあ今回は新たにどんなことに挑戦するかが大切です。全部を打ち明かす必要はないと思いますが、お話を読んで初発の感想を出しながら決めていいと思います。

私は、明示的な指導という言い方をします。教師の問いは分かるけれど、問いに位置付いている大きな文脈、1時間ではなくて単元、単元ではなくて系統、という大きな枠組みで子どもが捉えられるようになるとよいです。この話ではこんな勉強ができそう、あれと比べてみようという着想が生まれて、ま

さに「子どもと共に創る授業」なのではないでしょうか。

ここで大事なのは、ただ思い付きで子どもがこんなことをしたいと発言するのではなく、国語科で大事なことはこういうことだよねと分かってきた時に初めてできるということです。特に、国語は一つの教材や作品に強く依存しすぎると、教材主義、作品主義になってしまうのでそこから離脱すること。

だからといって骨と皮だけになってしまうと意味がありません。**一つの作品を読み深め、味わい楽しみながら、複数の作品の間にある共通性と独自性を見つけること**が大切です。「ファンタジーはこんな特徴をもっているよ」と教えるだけではダメで、「『まいごのかぎ』と『白いぼうし』はお話が違うけれど同じファンタジーの作品だよ。だからファンタジーはこういうことだね」という理解が大事だと思うのです。新たな作品を一人で、自分たちで、先生がいなくても読めるようにすることが大事ですね。

知り合いに、1年の終わりに教科書の目次を振り返るという教師がいました。今年はどんな勉強をしたかな、と写真をスライドで見ながら振り返ると、1年間やってきたことが整理されます。子どもがそのまとまりを見通せると、次からつなげて学びます。こういうところに目をつけて学ぶといいのではないか、あれと似ているよとか、これまでの勉強を振り返っていくのです。そうすると、子どもたちがその教科を勉強しているということが、全体としてどういうことかが分かり、今回はこうすればいいかなと見通し、その中で「私はこんなふうにしたい」などこだわりをもちたいという気持ちが生まれてきます。

- 桂 それは教科の本質ということですか。
- 奈須 結局、子どもがその教科領域の知識構造にうすうす気付いていくということです。国語は、説明文と物語文と詩や短歌の3つを教えていきますよね。それを子どもがどのくらいの正確さと深さで理解するかということです。教え込まなくてもいいけれど、その区分があることによって、今の学びの位置と過去の経験をどんなふうにとりだせばいいのかというのが見えてくるということはあると思います。
- 桂 **子どものみえ方や学びが変わってくる**ということですね。
- 奈須 そうです。そして、自分が前に教わったことを道具として使う。その時に自分らしく使う。いい発想や追究でも、無自覚的でなんとなくやっていたのでは確かな学力になっていきません。
- 桂 「子どもと創る言葉の学び」についても、話すこと・聞くこと、書くこと、読むことがそれぞれ自覚的になることが大切だということですよね。
- 奈須 これら3つは複合的に学びを進めていくと思いますが、どこでどのくらい子どもの中で整理されるのかなとは思います。

⑤　学びの自覚化と教師の立ち位置

奈須　教科ができる子は、そもそも教えなくてもできているのです。例えば社会科でいうと、文化史と経済史と政治史の３つで成り立っているということに気付いている子は社会科が得意な子ですよね。多くの子どもは気付きませんが、大事ですよ。

桂　国語の得意な子も無意識のままですが、やはり自覚的に学べるようにすることで、国語が苦手な子にもつながる、そこを明らかにしなければいけないなと思います。

奈須　得意な子には、なぜできているか分からないができる子と、自分はこういうふうにやっているからできると、自分が使っている道具を自覚している子の２種類います。後者の方がぐんぐん伸びますよ。多くの子にとって日本語は母語なので、小さい時から質の高い言語環境にいるとなんとなくできてしまいます。でも、それでは困ります。苦手な子も、学校で教わればできるようなるために、きちんと道具を渡して自分でやってみさせる。自分はどの道具をどんなふうに使ってみよう、この道具を使うのが好きで得意みたいだと自覚化していくことです。**情報を開示して、見通しをもって、みんなで学びをつくっていく、そこがすごく大事ですよね。**小学校でも４・５年生になればその教科を何のために学ぶのか説明したらいいでしょう。国語科で何をやってきたの？　と聞いてみると面白いですよ。

桂　なぜこれを学ぶのかをまず考えるのが大事ということですよね。国語を学ぶことでどんないいことがあるのと、はじめに自分なりに考えて、話すことも大事にしたいです。アメリカの授業で、「〜ができるようになる」「将来こんなことができるようになる」という２つのめあてを書いていたのを思い出しました。国語の本質もそうですが、生きて働くとか将来的に役に立つということも大事だと思います。意識的に子どもたちと一緒に考えていくことが必要ですね。

奈須　アメリカは契約という概念があり、子どもを一人前として認めているからこそ、子どもにも分かる言葉で説明し、納得させて参画させる。授業を受けるのが当たり前ではないのです。**子どもが納得して、学校でなぜそれをやるのか議論に参加して、こういうふうにしたいと意見を言うべき**だと思いますね。

教師の立ち位置について言うと、子どもは進んで先生に教わりたい、ついていく、守ってほしいと、その権威・権力を進んで先生に委譲しているわけで、それを引き受けて大切にして授業をしなければいけない。完全に対等ではないし、子どもも先生を頼りにする、慕うはずです。それはいいと思うし、自然な権威です。ただそれを当然のことと思わない、子どもが進んで預けてくれているものだから、それに応えていこうという誠実さが必要で、先生方は無自覚のうちにそうしているのではないでしょうか。

座談会

青木伸生

青山由紀

桂　聖

白坂洋一

弥延浩史

——— 1 ———
「個別最適な学び」と「協働的な学び」の視点で授業を振り返る

青木　まずは、私と弥延先生の授業を紹介し、奈須先生のインタビューを踏まえ、本大会のテーマに沿って話をしていきたいと思います。私は、1年生で説明文の授業をしました。「いろいろなふね」(東書1年)を本時では扱いましたが、単元としては「働く乗り物の紹介をする」という、子どもたちが自分で乗り物を選んで紹介するという活動を設定しました。その紹介の仕方を学ぶための資料として、「じどう車くらべ」(光村1年)「はたらくじどう車」(教出1年)など複数の教材を読み、紹介の工夫をつかんで、それをもとに自分なりに表現していくという単元の1時間でした。「いろいろなふね」は構成が非常にシンプルで分かりやすく、尾括型になっています。話題提示のあと、船の紹介があり、最後にまとめとはっきりしています。まずは全体の

文章構成を捉え、あたま型(頭括型)・おしり型(尾括型)かなと考え、最後にまとめがあることにだんだんと気付くようにしていきました。また、船の紹介の仕方として、こんな仕事をするためにこんなものが乗っていると仲間分けしながら、仕事とつくりの構成を確認しました。

弥延　「注文の多い料理店」(東書5年)の単元の続きというかたちで設定しました。最終的には作品の主題を捉えさせるため、まずは読後感を切り口に作品を読んでいきました。その中で「宮沢賢治の作品は……」と主題につながる考えが生まれました。そこで、この「やまなし」は主題を関連付けて書くことに適していると思い単元を設定しました。進めていく中で、読後感が作りにくい、分かりにくいと子どもたちが悩んでいたので、それはなぜかを問うと「これまでの宮沢賢治の作風と違う」「変容が分かりづらい」ということでした。それは、作品のテー

マがこれまで読んできた賢治作品と違うのではないかという話になりました。五月と十二月で対比されていることを、より詳しく読んでいくことで、読後感が難しいと思った理由が分かってくるのではという流れになりました。

———— 2 ————
「読後感」の学びの蓄積

[青木]　弥延先生はこれまでも読後感を大事に授業をつくってきたと思いますが、学年が上がるにつれて、子どもの読後感のもち方が変わってきたりしましたか。

[弥延]　4年生の「ごんぎつね」から読後感を始めたのですが、最初は「かわいそう」「かなしい」という端的に気持ちを表した言葉が多かったです。それが、やっていくうちに最後の感想をまとめるときに読後感とつながりがあるという考えや、読後感を吟味したいという子どもたちが出てきたりしました。感覚的にというよりも、この作品ってこんな意味もあるのではと読後感の言葉を選ぶようになりました。6年生では、最後に主題をまとめるときに、きっとこういうことにつながるだろうと考えながら読後感を書くようになりました。

[青木]　最初はなんとなく漠然とした読後感から始まるけれど、読み方が子どもたちの中に入っていくと、自分の読み方をもとに方向性が作られていくというか、漠然としたものではなくなっていくというのが、大事なところだと思います。
奈須先生のインタビューと重なるところがあって、一つは単元レベルで考えるということ。もう一つは読み方を学ぶ。学び方を学んでいくと読後感もだんだん一人ひとりがバラバラな漠然としたもので

はなくなっていく。それは子どもたちが読み方として蓄積されたものがある結果、みんなの向かっていく方向や足並みがそろっていくのかなと思います。読み方、学び方の蓄積を大事にしたうえで、個別最適な学びとか、必要に応じて協働的な学びが行ったり来たりするというのが、6年生レベルで見えている実践だと思いました。

[弥延]　これまで読後感は、中心人物の変容や、結末の場面、表現技法から得られることが多かったけれど、今回は子どもたちの考えが揺れたというか、読後感の言葉がかなり幅広いものになりました。子どもが「読後感が難しい」「作りにくい」とつぶやいていたので、授業の中でもそれはなぜなのか考えるようにしました。

[青木]　これまでの自分の目の付けどころや読み方にうまく当てはまらない、この作品はどう読んだらいいのかと、新たな子どもたちの課題意識が芽生えていったのかなと受け止めました。

———— 3 ————
学習者主体の言語活動

[白坂]　青木先生の実践は、言語活動として「働く自動車の仕事を紹介する」という一つの柱があって、書くために読んでいく単元構成でしたよね。クラス全体で、どんな文章構成になっているのか読んでいくというのは、奈須先生のインタビューにもあったアメリカの事例の「書くために読む」とマッチしているなと思いました。子どもたちはゴールとして、自分の選んだ自動車の紹介文をそれぞれ書いていく。読むときには、その観点を一緒に読みながら学ぶ、目的的に読んでいくという姿が見えました。

青木 本教材は本来2学期で扱うため、書くところまでやりたかったのですが、6月なので音声言語でもいいから自分で表現して友達に伝えられたらいいよと、単元のゴールの幅をつくりました。自分の表現のために紹介の仕方を学んだという学習の流れでした。

青山 2008年版学習指導要領では、言語活動が全面に押し出され、言語活動をさせないといけないというふうになってしまっていました。何のためにどんな言語活動を設定するのかという本当の目的が理解されないままに、単元終末にとにかく言語活動をさせないといけないような状態でした。本来は、学習者主体でゴールの言語活動に向かっていくことが大切ですよね。そのステップとして、読み方や目の付けどころを学んでいくことが周知され、それが大切だと理解されてきたのは時代の流れとしてはよかったところです。言語活動を目的型でやっていることは変わらないが、ある意味見方が変わったと言えるでしょう。青木実践の1年生では「自動車紹介」。弥延実践の6年生は初発の感想的な読後感から、単元の最後にみんなで物語の主題を話し合うゴールを見据えた読後感。先生から主題についてまとめようと言われなくても、子どもが意識して読後感を捉え、それが言語活動として成立しているところが、高学年らしいし、かくありたいです。物語を読んだら、主題を話し合い交流するのが楽しいと言語生活に落ちていくのが理想ですね。

弥延 私も最後には言語生活、読書などにつながっていくといいなと考えています。

青山 そんな流れがよく見えている子どもの姿だなと思ってみていました。

白坂 入口と出口ではないですが、入門期の段階でどういうところをポイントにして教えていくかが気になりました。出口の部分でも、目的に子どもたちが無意識に向かおうとするという姿は、発達段階の違いもありながら、目指そうとする姿は同じなのかなと思っていました。

青山 学びの流れの中に、何を新たに身につけるかという整理がないといけないですよね。漠然とした系統ではなくて、もう少し細かい要素として、読みの力とか、先生が手控えでもっていくことがすごく重要なのではないかなと思います。そのような時に系統表が活きてきます。

4
子どもの側に立つ学びとバランス

青木 桂先生は、子どもの側から問いが生まれること、子どもが問いをもって活動してくことが大事だというお話を奈須先生とのインタビューの中でもしていたと思います。これを踏まえていかがでしょうか。

桂 これまでの授業では、1時間の授業をどうやろうかと考えがちでした。もちろんそれは大事ですが、子どもの側に立つことを考えると、単元を通してどう学びをつくっていくかということを考える必要があります。「先生、今日の授業は何するの?」と子どもが何をするか分かっていないという状況は避けたいということです。子どもが見通しをもって、何のためにこれをやっているかということが少なくとも分かっている状態が必要

だと思います。もう一つは、読むことの授業は2種類あると思っています。「読み合うために読み直す」と「表現するために読み直す」です。表現というのは書いたり、話したりするということです。これまでは、読み合うために読み直すことが多かったですが、自分が書くためにもう一度読み直すということも大事です。結局両方大事なのですが、バランスよくやっていくべきですよね。

青木 「子どもと創る」というキーワードで考えても、単元の毎時間教師が仕切っていくのではなく、最後はこうなるよというゴールを示して、そこを目指すまでの時間は、どんなふうに何をやっていくか、ある程度子どもたちに任せていくことも大事ですよね。6時間のうち3時間は君たちに任せる、最後の表現活動の2時間は君たちに任せるとか、これまでの学習を生かしてやってごらん、自分たちで表現して友達に伝えてごらんとか、任せる場面がつくられると、単元レベルで子どもたちがどうやってその時間を使っていくか、誰と何をするか考えていくことになります。学習者としての当事者意識、自分事としてこの時間をどう過ごすかと考えること自体が個別最適な学びであり、仲間と一緒にやりたいときは協働的な学びになります。そんな時間の使い方もこれからは必要ではないでしょうか。

5
「任せる」と「委ねる」

青木 ほかに、先生方が「個別最適な学び」と「協働的な学び」を意識して、国語授業の中でやっていることはありますか。

白坂 昨年の座談会で、青木先生が「委ね

る」という言葉を使っていて、その言葉にとても賛同しています。任せると委ねるでは違いがあって、個々の場面は子どもたちに選択させる、表現の方法を子どもたちに委ねるということが大切だと感じました。

桂 任せると委ねるの捉え方の違いはどんなところですか？

白坂 語感という点で「任せる」は、教師が子どもに責任を含めて全て投げているイメージで、「委ねる」は教師の立ち位置としては見守るというイメージです。私はよく伴奏者という言葉を使うのですが、子どもは今何を活動としてやろうとしているのか、それについてどんなことで悩み判断しているのか、というのを見守るという立場になってくると思います。「個別最適な学び」と「協働的な学び」の観点でも、この立ち位置はポイントになってくると思います。教師が授業をすべて仕切っていくのではなく、子どもと一緒に学びを進めていこうというところがこの言葉の意味なのかなと思います。

弥延 そうなると、子どもたちが自分たちの学び方や方向性が分かっていないとできない部分があるので、どこかで教える必要があるのと、それをもとに子どもたちが自分たちの力でできるようにしていくことが大事だと思っています。私は学習用語も含めて、こうすると学びがまとまった、こんな難しさがあったよねと、発達段階に応じて、クラスで早い段

階で共有していきたいと思っています。そうすると、子どもたちに委ねる部分は増えていくのではないかと思います。子どもが自分で進めていけるということは、一方教師がどこで出ていくか判断が難しい部分はありますが、これができると、子どもたちが次の学びの時に生かそうとします。こういう子どもたちの姿は大事にしていきたいです。

青山 「委ねる」は、ある枠組みの中で多少よろよろしながらも、最終ゴールである教師の大まかなねらいには達することができるというイメージです。任せっきりだと、どこにいってしまうのか分からないし、評価もできません。委ねる範囲は、その中である程度身に付けたいことがあって評価ができる、けれどそのルートや方法などの辿り着くまでの自由度は子どもが選べるということなのかなと思います。

青木 私のイメージは、全体は委ねるけれど、個別の最適な学びの場面では一人ひとりやグループで学びがつくられていくため、教師は全部を1時間の中で見切れないですよね。そこで、任せられるグループがあれば、そこにはあまり教師は介入しない。それよりも困っていたり、滞っていたりするグループに教師のサポートが必要で、重点的に関わっていくというようなイメージです。教師としては、ある意味俯瞰的に活動の様子を見て、この時間はどの子どもと関わる必要があるかと見極めることが大事な動きかなと思っています。

桂 今の話は面白いですね。委ねるという大きな枠があって、その中に任せる部分があったり、教師がしっかり関わる部分があったりするということですよね。

6
失敗体験と次の学びを保障する

青木 あとは、これは次も使えるという成功体験の部分と、このままではだめだという失敗体験を振り返ること、次の活動に使えるところを子ども自身がどんどん吸収していくことが大事だと思っています。遊びでもそうですよね、これをやったら上手くいった、失敗したという経験が子どもにとって次へのエネルギーになったり工夫になったりしていく。今は、子どもに失敗させてあげられるだけのゆとりがないように感じます。失敗させないように、転ばぬ先の杖を教師が用意してしまうとよく言われていますが、もっと失敗させて、自分たちで今回だめだったから次はどうしようと試行錯誤する経験が大事ではないでしょうか。

白坂 自分たちで取り立てて読んでいく中で、子どもたちが「もやもやした」という表現を問い日記で書いたことがあったんです。失敗したり、どこか消化不良な経験をしたりすることは、次の問を立てるときの原動力になるし、それを振り返ることによって生まれるものがあるので、省察はとても重要なことだと思います。国語科は内容教科ではないので、実践を振り返っていきながら知識として身に着けていく。学年を超えて繰り返しやっていくことに意味があるし、失敗経験や試行錯誤はとても大事だと思っています。

青山 実際には、低学年の方が時数や時間的にゆとりがあり、失敗させていく余裕があります。でも、高学年になるにしたがって学習内容が多くなる反面、時数は減ります。すると失敗させるゆとりなどないですよね。単元の中で失敗したら、少なくとも次の学習ではそれが生かせる

とか、単元間でうまくつないでいくこと
を考えないといけません。

[青木]　低学年のうちにどれだけ失敗させら
れるかということも大事なのかもしれな
いですね。

[弥延]　そうすると、1年間の学びのつなが
りのビジョンを教師はもっていますが、
子どもたちにもそのビジョンをもてるよ
うにしてあげることが大事なのかなと思
います。

[青山]　授業の振り返りで、子どもが「次は
〜に気をつけたい」と書くことがありま
すが、次がやってこないのは悲しいの
で、次を保証していくことが大切です。
失敗を生かせる場をきちんと用意しない
と、失敗の振り返りだけで終わってしま
います。

[桂]　次を保障するという観点では二つ考
えました。一つはいい意味で家庭学習を
使った方がいいのではないかと思いま
す。授業時間だけでは時間が足りないこ
ともあるので、もう少し時間をかけたい
子は家でもしっかり書いておいでと時間
をあげることも必要だと思います。クラ
ウドを活用すれば便利ですよね。もう一
つは、振り返りです。主題について話し
合う授業であれば、まずは主題をいろ
いろと出していき、ごちゃごちゃしている
中で整理して、どんな捉え方・構造に
なっているのかをはっきりさせていく。
最後には、やっぱりこういう主題がいい
よねと振り返るという学びの流れです。
こういうことも失敗経験だと思うのです。
とりあえず出させておいて、友達や先生
とやり取りする中で、こんな構造だから、
これが大切だからこの主題がいいのでは
ないかという実質的に振り返る。つまり、
今日分かったことではなくて、最初に考

えたことをみんなで
話し合う中でもう一
度考え直すという振
り返りがよいのでは
ないでしょうか。ご
ちゃごちゃを整理していくのが教師の役
目であり、協働的な学びで重要になると
思っています。

─────── 7 ───────
「ごちゃごちゃ」な場面こそが学び

[青木]　ごちゃごちゃになるという状態はす
ごく大事だと思っています。個別最適な
学びの出発点として、いかにワークシー
トを卒業させて、自分でノートをレイア
ウトできる子どもを育てていこうという
気持ちがすごくあります。もちろん最初
は必要ですが、どこかで卒業させる段階
をもつこと。ノートがぐちゃぐちゃの時
代を通り過ぎて、分類したり、色分けし
たり、表にすればいいと子どもができる
ようになってくると、子どものノートは
一気に変わるんですよね。ノートだけで
はなく、読むときの試行錯誤、書くとき
の試行錯誤とか、いろいろ経験できた方
が、やはり自分の力でつくったものなの
で、その後が強いなと思います。

[弥延]　今の話で言うと、私は子どもがお互
いのノートを見合う時間を大事にしてい
ます。ギャラリーウォークの手法で、最
終的に自分の学びをまとめたものをお互
いに相互評価して付箋でコメントを書い
てノートへ貼っていきます。すると、子
どもたちがお互いにノートのまとめ方を
参考にしたい、活かしたいと新たな方法
に出合ったり、自分がまとめたノートに
対して「自分と共通点があった」「これが
新しい気づきだった」とコメントをもらっ

て、自分のノートをよりよく整理したりする姿が見られました。最初のうちはぐちゃぐちゃしているとか、まとめたけれど本当にそれでいいかと迷いがあるものの、お互いのノートを見合って交流する中で、よりよいノートとはどういうものかという考えがはっきりしてくる。ぐちゃぐちゃな時期は、自分がこうしたいという想いが働いて変わっていくと思います。

桂 国語の言語活動はすべてそうだと思います。赤ちゃんの頃から、ぐちゃぐちゃな言葉を自ら整理していくことが言葉の学びだと思っています。最初から整理整頓させようとすること自体が無理です。例えば、1分間研究発表といって資料をもとにスピーチをする活動がありますが、最初は話し方などを教えず、とりあえずやってごらんとしています。その中で、「ここがいいね」「こういうふうにした方がいいね」と何回も緒戦したり、友達の発表を見る中で整理されたり、洗練されたりしてくるので、ゆっくりやらせてあげたいなと思っています。そうでないと子ども自身も楽しくないだろうと思います。

青山 いいタイミングで教師が価値付けていくことが重要ですよね。それもなく言語経験を積ませていてもダメで、ここがいいねとか、こうするともっとよくなるねとか、教師の立ち位置が大切です。教師の介入の仕方、価値付けるということは大きいです。

白坂 私が考えているごちゃごちゃというのは、例えば、一つの教室の中のいろんなところで学習が同時進行していること、学びの複線化だと思っています。一人や、グループごとになど、様々な学習形態を取って、まさしく声が重なりながら学びを進めていく。

その時に、小グループでやっていると、一人ひとりの活動量や発話量もあがります。学びの複線化というところで、ぐちゃぐちゃな場面があるのかなと思います。子どもたちはどう悩んでいるか、何に気付いているのか、それに対して教師がどう対応していくか価値付けていくことも大切だと思っています。

8
子どもの活動量を保障する

桂 これまでの一斉授業でいうと、どうしてもみんなで一緒に学ぶときには一人が発言してほかの子どもは聞くという状況になりますが、そればかりではダメですよね。例えば、体育では一人が跳び箱を跳んで、みんながそれを見ている状況より、一人ひとりが何度も跳び箱を跳ぶ練習ができて活動量を保障することがすごく大事ですよね。

青山 言葉の学びは体育と似たところがあって、上手な人のスピーチをいくら聞いていてもダメで、自分でやってみることが大切です。たどたどしくても何回も口に出して練習する中で上手くなるのです。45分の授業の中で述べ時間を考えると、クラス全員の30人が1分間縄跳びを練習したら、1分×30人の述べ時数となります。言葉の学びも、述べ時数で考えていく必要があると思います。

白坂 述べ時数の考え方は面白いですね。

青山 音読練習でも、一斉に音読すれば一人ひとり読めるけれど、一人ずつ交代して読んでいたのでは、聞いているだけの

時間が長くなってしまいますよね。

【桂】　個別最適な学びも活動量を保障しないとだめですね。

【白坂】　青木先生の実践は働く自動車の紹介を書く、弥延先生も主題という条件が入って紹介文を書く、でしたので、繰り返しが6年間の学びになっていき、活動量は単元を超えて積み重なっていくと思います。

——— 9 ———
「書くこと」の大切さ

【青山】　奈須先生のインタビューにもありましたが、結局「書くこと」がとても大事ですよね。アウトプットすること、自分の考えを言語化して最終的に書くことにもっていく、基礎的な力も同時につけていかないと這い回ってしまう。何を考えていたか分からないと、誰がどう困っているか教師も把握しづらいです。学びの複線化では、何が複線化されていくかの見取りにしろ、子ども自身が考えの軌跡をたどるためにも、メモでもいいからやっぱり書くことが重要だと思います。

【弥延】　インタビューでも、社会に出てフォーマルに役立つのは書くことだという話もありましたし、そこにもつながりますね。

【青木】　書くこと、表現すること、アウトプットなどの活動は子どもの学びの蓄積です。単元を貫く言語活動が重視された時代は、どれだけ立派な新聞が書きあがったか作品主義的な考えで、どれだけのものが出来上がったからそれが深い学び、充実した活動だったという結果で見て評価されがちでした。今は、いかにプロセスを教師が見てあげて、子ども自身も自分がどれだけ考えてどんな風に考えが変

わってきたかと振り返り、学びの足跡を見つめなおすということができないといけない、それが大事ですよね。今はChatGPTなど便利な機能もたくさん出てきて、AIが文章を書くことが可能な時代に、活動の最後だけをみて評価はできません。いかにプロセスを子ども自身が自覚して、学びをつくれているのか、それを教師が見ているかということを今まで以上に大事にしてあげないといけない時がきているだろうなと思います。

———10———
これからの学びを考える

【桂】　6月の公開授業で「すがたをかえる大豆」（光村3年）を扱って、ChatGPTが考えた文章と教科書の文章を比較して、事例の順序の工夫などを検討するという授業をしました。ChatGPTはそれなりに使えるけれど、論理が通っていないところがありますが、一方教科書は筆者が読者に分かってもらおうとして説明しているところがいいな、読者がワクワクするように工夫されているという意見が出ていました。ChatGPTを学びのプロセスで使うのはありかもしれません。最終的なアウトプットというよりも、プロセスでこんな考え方もあるんだという参考にして、それを使う使わないという判断は自分でする必要があります。

【青木】　そうすると判断できるだけの力を、子どもたちにつけていかないといけないですね。自分だったらこうだと言える子どもにしたいですよね。

【青山】　私は6年間の学びの出口イメージを

もつといいと思います。例えば6年生の卒業単元として、かこさとしさんの単元をした際、子どもたちが単元を構想しました。何百冊もある作品からかこさんのメッセージに迫るために、絵本チーム・社会チーム・科学読み物チームというふうに自分たちでグループ分けし、分担して読んでいきました。さらにグループ同士でも交流し、最後は「水とはなんじゃ」（小峰書店）という絵本の編集者に話をうかがうという壮大な活動になっていきました。「何時間もらえますか」とその中でいかに進めていくか考えることができていました。これは6年生の例ですが、低学年、中学年とそれぞれの発達段階での学習構想力をどうやって国語の中でつけていくかが大切です。そのような入口と出口を考えていかないと、個別最適な学びはうまく回っていかないと思います。読みの力の系統指導とは別に、学習構想力についても委ねられる系統について、本研究会で考えるのもいいかもしれません。子どもの姿からいわゆる、国語科における資質・能力ベースの系統を捉える必要があると思います。

桂 コンピテンシーベースの自分で学びを進めることは大事ですが、コンテンツをやらないというわけではありません。これまでの授業においても、本当にコンテンツがあったのかどうかということはあやしいと思います。今の学習指導要領もまだまだ改善の必要がありますね。

青山 そのコンテンツをステップ学習として教え込もうとすると容易にできてしまうため、危惧されることだなとも思います。個別にワークシートをどんどん進めていくような考え方とは違います。

青木 学習指導要領の〔知識及び技能〕〔思考力、判断力、表現力等〕〔学びに向かう力、人間性等〕の三本柱について、国語科としてさらにかみ砕いて、ステップとして知識・技能をきちんと位置付けて系統立ててやっていくことがもちろん大事ですし、もっと大きな枠組みで学び方の系統も見通して、入口・出口をイメージしてつくっていく必要がありますね。結局、それが子どもを育てることになり、子ども自身が学びをつくっていくことにつながるということです。筑波小国語部として、これからも授業を公開していくことは非常に意味があることですし、授業研としてコロナの時代を乗り越えて、これからさらに頑張っていきたい。大会を通してこれからも様々な提案をしていきたいと思って思います。

定番教材で考える
子どもと創る言葉の学び

―「個別最適な学び」と「協働的な学び」が充実する国語授業―

「スイミー」

単 元 名	自分の好きなスイミーの場面を表現しよう！
発 行	東京書籍／1年下

大阪府・寝屋川市立三井小学校　笠原冬星

「子どもと創る言葉の学び」を考える

物語を詳細に読んだ読解を生かすために

①一文一文を大切に読む子どもの育成

　物語（文学）は、作者が一文一文を吟味して、数ある言葉の中から最適なものを選んで書かれている。そして、その一文一文のつながりに気付くことができると、物語をさらに深く読むことが可能となる。そこで、今回は「スイミー」の作品では、どのような言葉や文を大切にして読めばよいかをまず考える。

②「スイミー」という作品について

　「スイミー」はレオ・レオニが書いた一匹の魚の話である。物語の最初には、スイミーは小さくて一匹だけからす貝よりも真っ黒な魚であることが書かれている。ここには、非常に重要な情報が隠されている。例えば、真っ黒であるからこそ、海底の暗さにまぎれてまぐろから逃げることができ、さらに、最後は大きな魚の目になることもできたことなどである。また、スイミーが途中で出会ったすばらしいものには重要度があり、どれが一番重要かを考える活動も大切である。

　このように、物語の設定の場面ではとても大切な情報が隠されており、そこを足がかりに読んでいくと、物語をさらに深く読むことができるというわけである。

③自分の好きな「スイミー」の場面を表現しよう！

　①②を踏まえて、今回は自分の「一番印象に残っている場面」を絵で表現させることを単元の最後に行った。物語を読んでいると、子どもたちがそれぞれ印象に残る場面は違い、その場面は、子どもが物語から何かを最も強く受け取ることができた場面と考えることもできる。よって、その場面を子どもたちがそれぞれ選択し、表現させた。

　それとは別に、「スイミー」の最後の場面の一匹の大きな魚のふりをして大きな魚を追い払うシーンも印象的である。そこで、大きな魚を学級の全員で協力してつくることも行った。

　このように、一人ひとりの思いを大切にしつつ、物語の山場を表現することも重視し、学習を進めていった。

① 単元構想

1・育てたい資質・能力

〈知識及び技能〉

・「スイミーは考えた」など繰り返されている言葉や、倒置が使われている意味について
考えることができる。……………………………………………………… (1)カ

〈思考力、判断力、表現力等〉

・各場面に表現されている言葉に着目して、スイミーの特徴などについて考えることがで
きる。…………………………………………………………………… C(1)イ

・スイミーが途中で出会ったものに着目して、どのようにして魚を追い払ったかについて
考えることができる。…………………………………………………… C(1)エ

〈学びに向かう力、人間性等〉

・自分の最も印象に残っている場面について、自分の絵で表現しようとする。

2・単元の概要／教材の特性

　本教材は、スイミーと一緒に暮らしていた魚の兄弟がまぐろに食べられるシーンから始
まる物語である。そして、そこからうまく逃げ切ったスイミーが、海にあるいろいろなも
のと出会うことにより、徐々に元気を取り戻し、新しく出会った魚の兄弟たちと一緒に協
力して、大きな魚を追い払うことに成功する。

　そこで、今回は「設定（スイミーの特徴）」「途中で出会ったもの」「自分の好きな場面を
表現する」という三つのことを大切にして単元を進めた。

3・単元構成　全8時間

・は学習内容や活動、◎は指導上の留意点を示す

第一次	スイミーについて読む（第1時）

・物語を読んで登場人物などについて考える。
◎スイミーの人物や場面について大まかに把握する。

第二次	スイミーについて詳しく読もう（第2～5時）

・スイミーの特徴について考える。
・スイミーが途中で出会ったものについて考える。
・スイミーはどんなことを考えたのか（繰り返しの言葉について）考える。
◎スイミーの特徴や途中で出会ったもの、さらに繰り返されている言葉などについて学ぶ。

第三次	自分の好きな場面を絵で表現しよう！（第6～8時）

・自分の好きな場面を絵で描く。
◎自分の最も印象に残っている場面と、みんなで集まって大きな魚になったときの場面を絵で描
　いて表現する。

低
学年

中
学年

高
学年

② 授業の具体的な流れ

1・本単元で行う三つの大切な活動

本単元では以下の三つの活動を重視して行う。

一つ目は、スイミーの特徴を細かく考えることである。スイミーはからす貝よりも真っ黒で、泳ぐのは誰よりも速かったと書かれている。特徴として、よく出てくるのは「かしこい」である。これは本当にそうなのだろうか。確かに最後のシーンで大きな魚になることを思いつくので、一見するとかしこいように思われる。しかし、この場面の言葉をよくみてみると、「スイミーは考えた。いろいろ考えた。うんと考えた。」というように、「考えた」という言葉が３回も繰り返して強調されている。つまり、スイミーはとてもよく考えた上で、思いついたのである。同じような繰り返しはほかにもある。

このように、スイミーの特徴をしっかりと考えることにより、「繰り返し」に気付き、物語を深く読むことにつながる。ちなみに、スイミーがかしこいことについては、絵本のサブタイトルに「ちいさなかしこいさかなのはなし」と書かれていることも補足しておく。

二つ目は、スイミーが途中で出会うものたちである。スイミーは、兄弟を失って海を泳いでいる途中で六つのものと出会っている。その中には、スイミーが「みんなで大きな魚になる」ことを思いつく上で大切なものがある。一つは「見えない糸でひっぱられている魚」である。これを見たことにより、「離れずに泳ぐ」ことを思いつくのである。もう一つは「顔を見るころにはしっぽのことは忘れているぐらい長いうなぎ」である。これを見たことにより「大きなものになる」ことを思いつくのである。

つまり、スイミーは元気を取り戻すだけでなく、これらを見て学ぶことによって「大きな魚」に擬態することを思いつくことができたのである。子どもたちには、このような物語の設定の巧みさにも気付かせたい。

三つ目は、自分の大切な場面を表現することである。物語の最後の場面を絵に描く活動はよく行われているが、それは子どもたちによって一番印象に残った場面なのだろうか。確かに、クライマックスのみんなで大きな魚になるシーンは印象には残るが、個人それぞれでは物語の好きな場面が違っていてもおかしくはない。

そこで、今回は自分の好きな場面を個人で描く活動と、大きな魚をみんなでつくるという二つの活動を行った。そうすることで、個人の主体性も大切にしつつ、実際に大きな魚をつくる体験をして、スイミーのすごさや大きな魚の大きさなどを実感して、より物語への理解を深めることができるだろう。個人の作品をつくる活動では、評価も各個人で行うことができる。

これら三つの点を大切にして本単元を進めていくと、物語の設定の巧みさなども知りつつ、自分の印象に残っている場面を表現することもできる。目標は同じであるが、各個人でそれぞれ創意工夫しながら活動することは「個別最適」な学びにつながる第一歩だと考える。このような活動ができるよう、教師が教材研究を行うことも重要である。

2・ スイミーの特徴について

　子どもたちにスイミーの特徴は何かと聞くと、次のようなものが挙がるだろう。

---

　　　①からす貝より真っ黒　②誰よりも泳ぐのは速い　③かしこい

---

　①については、実際に文章に書かれている。②についても文章の中に書かれているものである。では、③についてはどうだろう？

　実をいうと本文中には、そのような記述は一切ない（ただし、先述もしたように絵本のサブタイトルに「ちいさなかしこいさかなのはなし」とは書かれている）。なぜ、このようにスイミーは「かしこい魚である」ということになるのだろうか。これは、スイミーが最後に「大きな魚のふりをして」と思いつくシーンがあるからである。なぜ思いつくことができたのかについては、次の項目で述べる。実際の授業では、「スイミーの特徴について考えよう！」という流れで行った。

第二次第2時　板書

3・ スイミーが途中で出会ったものについて

　先述のように、スイミーの特徴として「かしこい」という意見が出てきた。これについて考えてみる。実際に、スイミーが「考えた。いろいろ考えた。うんと考えた。」という3回繰り返されている教科書の文章をみると、とてもよく考えていることが分かる。そのときにどんなことを考えているのだろうか？　きっと今までに経験したことも思い返していることであろう。

　スイミーが出会ったものは六つある。その六つは次の通りである。

---

①にじいろのゼリーのようなくらげ。

②水中ブルドーザーみたいないせえび。

③見たこともないさかなたち。見えない糸でひっぱられている。

④ドロップみたいないわから生えている、こんぶやわかめの林。

⑤うなぎ。かおを見るころには、しっぽをわすれているほどながい。

⑥かぜにゆれるももいろのやしの木みたいないそぎんちゃく。

そして、この中でも「見えない糸でひっぱられている魚」と「長いうなぎ」の二つに注目する。すると、「魚→等間隔で泳ぐ」「うなぎ→とても大きい」ということが連想でき、「等間隔にたくさん並ぶと大きな魚になれる」ということが分かる。このような過程を子どもと一緒に考えることができると、スイミーが単にかしこいだけでなく、今までに経験したことを生かして考えていることが分かってくる。実際の授業では、「なぜ最初から大きな魚のふりをしなかったのか考えよう」という流れで行なった。

第二次第3時　板書

4・ 自分の好きな場面を表現する

単元の最後には、自分の好きな場面と大きな魚になったスイミーたちを実際に自分たちでつくったり、描いたりする活動を行った。自分の好きな場面を描くときは、どの場面でもよいことを伝えた。スイミーたちが大きな魚になった場面を描く子どもが多いが、次の写真のように違う場面を選んでいる子どももいた。

   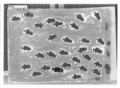

この4人の子どもたちは、最初に大きな魚がおそってきたシーンを描いている。スイミーをよく見てみると、すべて絵の下の方に描かれている。これはなぜだろうか？　授業を行ったときの板書を見てみると、スイミーは暗い海の底を泳いでいったことが分かる描写が本文中にある。暗い海の底を泳ぐことと、からす貝より真っ黒であるという二つのことから考えて、「スイミーはカメレオンみたいにカモフラージュしている（黒い体で暗い海の底にいったから大きな魚からは見えなかった）」という子どもの発言があった。絵をよく見て

第三次第6時　板書

みると、下の方に逃げていることを見つけている子どももいた。そして、「スイミーはからす貝より真っ黒でなければならないし、そのように描いているレオ・レオニはすごい!」という意見も出てきた。4人の子どもたちは、国語の授業の内容を絵で表現していたのである。

また、最後にはみんなで協力して、大きな魚をつくる活動を行った。これは、実際の魚の大きさを体験することをねらっており大切な活動である。子どもたちは、自分たちで物語に出てきた海の様子も描き加えて表現することができた。実際に掲示してみるとその大きさがよく伝わるものとなった。

また、廊下にフォルダーに入れて作品を掲示すると、今までにスイミーを学習したことのある高学年の子どもたちが「ああ、自分たちもつくったな」と思い返している様子を見ることもできた。このように、掲示を工夫すると、異学年とも絵を通して交流することが可能である。

今回は図工科とのクロスカリキュラムであったので、作品を作るときは、はさみを使うこととし、「はさみを使って紙を切る練習」という技能の習得を行うためでもあった。

③ まとめ

今回は、スイミーを深く読み、読んだことを絵で表現する活動を行った。しっかりとした読みを行うことにより、最後に表現する絵も子どもたちそれぞれが学習した内容を生かして描くことができたように思う。

このように、「詳細な読解」を行うことにより、絵に表現するときにしっかりと個々の読みを見取ることができる。また、個人で好きな場面を表現するというある程度の「自由さ」を確保することにより、個別最適な学びを意識した授業につなげることもできる。そして、最後にクラス一体となって大きな魚をつくることにより、実際の大きさやすごさを体験することができ、協働的な学びの一端になると考えられる。

「じどう車くらべ」

単 元 名	「じどう車」を一つ、増やしてみよう！
発　　行	光村図書／1年下

東京学芸大学附属世田谷小学校　髙橋達哉

「子どもと創る言葉の学び」を考える

「問い」と「発見」を生む「言語活動」の設定

　子どもたちがそれぞれの「特性」や「個性」を生かして「個別最適」に進める学びと、子どもたちが互いの「よい点」や「可能性」を生かし、「異なる考え方」を組み合わせて「協働的」に進める学び、その双方を実現することが求められている。「特性」や「個性」、一人ひとりの「よい点」や「可能性」、「異なる考え方」などのキーワードに象徴されるように、どちらの学びにおいても、大切なのは、子どもたち一人ひとりの「『多様さ』が生きる」学びを、子どもたちと共に創っていくことだと感じている。

　ただ、とにかく子どもたちの「多様さ」を大切にした授業を行えばいいのかというと、話はそんなに簡単ではない。もちろん、「学習方法」は個々の特性に合わせて、多様なオプションが用意されていることが望ましいだろう。一方で、「学習内容」については多様であっていい部分と、全員で共通に確認すべき部分とがある。それぞれの単元には、当該単元で身に付けることを目指す「指導内容」があるからである。

　学習材となる文章に対する多様な解釈を話し合うことは重要だが、多様な解釈を出し合って、拡散したまま話し合いが終わるという授業ばかりでは、国語科としての明確な学びの位置付かない授業が繰り返されることになってしまう。それぞれの興味・関心にもとづいて題材を決め、成果物の作成を目指して、ひたすら個人で学習を進めるだけでは、「多様さ」は生かされていても、国語科としての「学び」が保証されているとは言えない。だからといって、個や小集団で学習を進めている中で、脈絡なく、「今日は〇〇について、みんなで考える時間にします」と教師が出ていって、指導内容に関する授業を行うというのでは、どうだろう。教師の指導性が発揮されすぎているとも思われ、もう少し学習者主体の授業づくり、学びの文脈を重視した自然な単元の展開になるように配慮したいと感じる。

　では、子どもたちそれぞれの生活経験や学習経験などにもとづく、多様な解釈や考え、着眼の仕方、興味・関心を生かしつつ、国語科としての指導内容が曖昧にならない授業づくり、単元づくりを目指すにはどうすればよいのだろうか。

　本稿で提案するのは、「言語活動の工夫」と「子どもの問いをもとにした話し合いの組織」である。子どもたちが多様さを生かして言語活動に取り組む中で、指導内容に関わる「問い」が生まれる言語活動。そして、生まれた「問い」について考え合う中で、「言葉の学び」を子どもたち自身が見いだす話し合い活動の組織。「じどう車くらべ」の教材の特性やねらいを踏まえた単元づくり、授業づくりの在り方の一例を紹介したい。

① 単元構想

1・ 育てたい資質・能力

〈知識及び技能〉

・事柄の順序など情報と情報との関係について理解することができる。⋯⋯⋯⋯（2）ア

〈思考力、判断力、表現力等〉

・事柄の順序などを考えながら、内容の大体を捉えることができる。⋯⋯⋯⋯ C（1）ア

・文章の中の重要な語や文を考えて選び出すことができる。⋯⋯⋯⋯⋯⋯⋯⋯ C（1）ウ

〈学びに向かう力、人間性等〉

・言葉がもつよさを認識するとともに、進んで読書をし、国語の大切さを自覚して思いや
考えを伝え合おうとする。

2・ 単元の概要／教材の特性

　子どもたちが日常的に目にする機会が多い「自動車」が題材であるという教材の特性を
生かし、単元を通した言語活動を「じどう車を一つ、増やしてみよう！」と設定してい
る。子どもたちそれぞれの生活経験や、興味・関心を生かして、説明文「じどう車くらべ」
に事例を一つ付け加えて、オリジナルの「じどう車くらべ」を作るという活動である。

3・ 単元構成　全9時間

・は学習内容や活動、◎は指導上の留意点を示す

第一次	単元を通して取り組む言語活動を設定する（第1・2時）

・「じどう車くらべ」という題名や最初の挿絵をもとに、これから学習を進める文章の題材である
「自動車」について知っていることを出し合う。

・「紹介する自動車を一つ加えて、オリジナルの『じどう車くらべ』を作る」という言語活動に取
り組む見通しをもつ。

◎「題材」に対する既有知識や生活経験を交流した上で、それを生かした学習の目的としての言
語活動を提案することで、単元の学びに意欲をもって取り組めるようにする。

第二次	「問い」について話し合いながら、付け加える文章を考える（第3～7時）

・文章全体の構造を捉える。（問いと答えの形式・三つの事例を挙げての説明）

・各事例の「しごと」と「つくり」を見つけ、二つの事柄の順序や、「そのために」でつながって
いることを捉える。

・事例を比べ、車の「つくり」は、「しごと」によって変わることを捉える。

・身近な自動車から順に登場していたことを捉える。

◎子どもたちの「問い」をもとに話し合いを組織し、上記の指導内容へと迫っていきたい。

第三次	オリジナルの「じどう車くらべ」を交流する（第8・9時）

・これまでの学習を生かして、オリジナルの「乗り物図鑑」（自動車も可）を作っていくという次時
以降の学習への見通しをもつ。

② 授業の具体（第一次）

　単元を通して取り組む言語活動を設定する重要な段階である。自動車という「題材」に関する既有知識や生活経験を引き出し、「自分たちも自動車について結構知っていることがある」ということへの自覚を促す。その上で、「自分たちの知識を生かして、説明文をアレンジしてみないか」という提案を行い、単元を通して取り組んでいく言語活動を子どもたちと一緒に設定するという展開をつくりたい。

第1時の授業展開例

> **①題材について、知っていることを話し合う**
> ・「じどう車くらべ」という題名や、一つ目の挿絵をもとに、これから学習を進める文章の題材である「自動車」について、知っていることを出し合う。
> ◎知っている自動車、乗ったことのある自動車、興味のある自動車などについて発言を促し、たくさんの種類の自動車名を黒板などに列挙するようにする。
>
> **②文章を読み、単元を通して取り組む言語活動を設定する**
> ・教師の音読を聞き、どのようなことが書かれた文章なのかを知る。
> ・紹介する自動車を一つ加えて、オリジナルの「じどう車くらべ」を作るという言語活動に取り組む見通しをもつ。
> ◎黒板に列挙されている内容を振り返り、子どもたちがいろいろな自動車を知っているということを再度話題にする。その上で、その知識を生かして、紹介されている自動車「バス・乗用車」「トラック」「クレーン車」に加えて、自分たちが知っている自動車を一つ加えて、自分だけのオリジナル「じどう車くらべ」を作らないかと提案する。知っていることだけでなく、分からないことは調べてから書いてもいいことを伝えるなど、活動を不安に感じている子どもにも配慮しながら、言語活動を設定するようにする。

第2時の授業展開例

> **①音読をし、漢字や言葉を確認する**
> ・文章がスラスラ読めるように、音読の練習をする。また、漢字や文章中の言葉の意味についても再度全体で確認を行う。
>
> **②言語活動を確認し、紹介する自動車の候補を考える**
> ・前時に設定した言語活動について、内容や設定までの流れについて振り返る。

・説明文に加える自動車の候補を挙げる。

◎説明文に加える自動車の候補は、この時点では複数挙げておくように伝える。また、この時間に挙げるのはあくまでも候補であり、後々の学習の中で、変えることがあってももちろんよいということを伝えておくようにする。

③「気付いたこと」「思ったこと」「疑問に思ったこと」を記述する

・言語活動を意識しながら、「じどう車くらべ」を再度読み（教師の音読）、「気付いたこと」「思ったこと」「疑問に思ったこと」の三つの観点を中心に、考えたことをノートなどに記述する。

◎「オリジナルの説明文を作る」「一つ自動車の紹介を加える」ということをきちんと意識しながら教師の音読を聞くように声をかける。

③ 授業の具体 (第二次)

　子どもたちは言語活動への取り組みを本格化する段階であり、教師としては子どもたちの「問い」をもとに話し合いを組織し、指導内容へと迫っていく展開をコーディネートする段階である。

第3時の授業展開例

①「気付いたこと」「思ったこと」「疑問に思ったこと」を共有する

◎前時に子どもたちが書いたものの中から、教師がいくつかを選んで紹介を行い、お互いにどのような考えや疑問をもったのかを知ることができるようにする。

②付け加えて紹介する自動車を決め、紹介する文章を書く

・前時に挙げた候補などの中から、紹介する自動車を決める。

・決めた自動車について紹介する文章を書き始める。

◎ノートへの下書きの仕方を示したり、必要な場合には下書き用のワークシートを配布したりするが、文章の書き方については、この時点ではあえて示さない。また、文章は、これからの数時間の学習の中で、何度も書き直しながら、よりよいものを目指していくということも、あらかじめ伝えておくようにしたい。

③紹介する文章を書いてみた感想、疑問点、みんなに聞いてみたいことを書く

・本時の活動を通して感じたことや困ったこと、みんなに相談したいことなどを書く。

◎書く活動を行う中で、教師に対して、文章の書き方に関する様々な質問が寄せられることが想定される。第三時においては、そうした細かな質問に対して、教師が答えることはせず、「クラスみんなで相談したほうがよさそうだね」と返答する。

第3時：言語活動に取り組む中で生まれることが予想される「問い」

○どんな自動車を紹介してもいいのか。例えば、スポーツカーなどでもいいのか。

○どんなふうに、文章を書けばいいのか。「じどう車くらべ」を真似して書くのか。

○「バスと乗用車」のように、二つの自動車を紹介してもいいのか。

第4時の授業展開例

①前時に挙げられた相談が必要な内容の共有

・紹介する自動車を決める際の悩みや疑問を交流する（一人ではなく、同じような悩みや疑問をもっている子どもには、できるだけ発言をするように促す）。

◎前の時間に文章を書く活動に取り組む中で生まれた疑問や、相談したいと考えていることを共有する場を設定する。すべての疑問や相談をここで紹介するのではなく、主に本時で指導したい内容と関わるものを、教師が選んで紹介し、その上でその疑問や悩みをもつ子どもに発表を促すようにする。本来は、すべての疑問や問いを挙げた上で、どれをどの順で解決していくかということも、子どもたち自身が考えていくことができる方が望ましい。しかし、1年生という発達段階であれば、どれを扱うべきか、どの順で扱っていくべきかについては、教師が考え、方向付けるとしても、教師の指導性が高すぎるということにはならないと考える。

②「どんな自動車を紹介するべきか？」についてみんなで考える

・「自動車なら、どんな車でもいいのか？」「自動車以外の乗り物でもいいのか？」など、紹介する自動車を決める際の具体的な悩みについて、考えを伝え合う。

◎例えば、次のような意見が想定される。

・「バイクでもいいか？」「飛行機でもいいか？」「ジェットコースターでもいいか？」などの事例。

・「レーシングカーでもいいか？」「ガラパゴス（自走式破砕機）でもいいか？」など、身近でない事例。

・「トヨタのランドクルーザーでもいいか？」など、具体的すぎる事例。
　子どもたちの多様な考えやアイデアをもとにした話し合いを整理しながら、「じどう車くらべ」の筆者としては、「読者である1年生に身近な自動車（4輪以上のもの）を選んでいること」や「メーカー名や自動車の名前でなく、種類を例に挙げていること」などを確認したい。そうすることで、「事例の選び方には、筆者の考え（意図）がある」ということを本時の指導内容として位置付けたい。

③話し合ったことをもとに、付け加えて紹介する自動車を再考する

◎子どもたちの話し合いの結果を尊重しながら、付け加える事例の条件を確認した上で、再考する時間を設定したい。

第5時の授業展開例

① 第3時に挙げられた相談が必要な内容の共有

・前時と同様に、本時では、「どんなふうに文章を書けばいいのかが分からない」という悩みや疑問を共有する。

◎文章の書き方をあえて提示しなかったことから、多くの子どもが「どうやって書けばいいのかな」という疑問を抱いていると考えられる。その声を引き出した上で、それぞれの自動車の紹介のされ方を確かめようという流れをつくるようにしたい。

② 「付け加える文章をどのように書けばいいか?」についてみんなで考える

◎付け加える文章を書く際に、自由な内容や形式で書くべきか、それとも「じどう車くらべ」と同じように書くべきかについて、まず話し合うようにする。「バスや乗用車」「トラック」「クレーン車」とは、内容や形式がまったく異なる文章を提示するなどしながら、新たに加える文章も、ほかの事例と内容及び形式を合わせることが望ましいという方向性を確認したい。

③ 「じどう車くらべ」の事例の説明の仕方を整理する

・「バスや乗用車」「トラック」「クレーン車」の紹介の仕方を比べて、共通点を整理するなど、「じどう車くらべ」においてどのように自動車の紹介がされているか確かめる。

◎第1段落から、「バスや乗用車」が紹介されている第5段落までをセンテンスカードにして提示し、「どんなふうに書かれているかな」と投げかける。既習事項である「問い」を手掛かりにしながら、冒頭に二つの「問い」があり、それに対応する「答え」という形で、それぞれの自動車が紹介されていることを確認したい。

④ まとめ

　これ以降の授業も、基本的には、第4時や第5時と同じように進めていくことができる。

　例えば、第6時には、第5時までの話し合いを生かして文章作成を進める。新しく紹介する自動車の文章ができ上がると、今度は、「新しい自動車は、説明文のどこに加えたらいいか?」という問いが生まれることが想定される。その問いをもとに話し合いを進めることで、「じどう車くらべ」の事例が、読者に身近なものから順番に説明されていること(事例には順序性があること)への気付きを生むことができるだろう。

　本稿で提案したのは、子どもたちの多様さが生きる言語活動を工夫すること、そして、子どもたちの中に生まれた問いを、その都度取り上げ、話し合いを組織していくことである。指導内容を明確にした授業づくりを重視しつつ、子どもたちがそれを自然に学び取っていくような国語授業を、子どもたちと一緒に創っていきたい。

「お手紙」

単 元 名	「読書ゆうびん」で、しょうかいしよう
発 　 行	光村図書／2年下

北海道教育大学附属釧路義務教育学校前期課程　長屋樹廣

「子どもと創る言葉の学び」を考える

①日常生活や社会生活と結び付け、「やりたい」「解決したい」「現段階では考えが不十分だ」といった学びの必要性を生み出す課題設定

　単元導入時には、指導者の押しつけにならないよう、学習者の課題意識と指導のねらいを一致させながら対話的・相談的に学習計画を立て、日常生活や社会生活と結び付け、「やりたい」「解決したい」「現段階では考えが不十分だ」といった学びの必要性が生まれる課題を設定していく。また、各一単位時間の学習課題についても、単元課題との有機的な結び付きを明確にしながら設定することにより、児童・生徒が学びの必要性を維持し、学習の見通しをもつことができる。

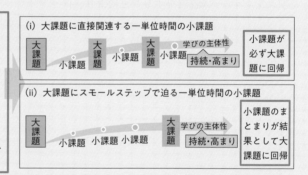

各発達段階に適した単元課題

低学年
言葉を楽しんだり言葉に親しんだりすることができ、必ず体験させておきたい単元課題

中学年
各教科や日常の言語活動との結び付きを意識した単元課題

高学年
社会（日常）生活との関わりを意識した、言語活動自体に納得が図られる単元課題

(i) 大課題に直接関連する一単位時間の小課題
大課題　小課題　大課題　小課題　大課題　小課題　学びの主体性　持続・高まり　小課題が必ず大課題に回帰

(ii) 大課題にスモールステップで迫る一単位時間の小課題
大課題　小課題　小課題　小課題　大課題　学びの主体性　持続・高まり　小課題のまとまりが結果として大課題に回帰

②自他や他者同士における「言葉による見方・考え方」の比較や統合を促す発問・問い返し

　単元を通じた課題や一単位時間における課題に対し、個々の児童・生徒が「自己の認識や判断」、あるいは小集団学習における立場を決めた後に、集団思考（小集団活動の場面を含む）を通して自他や他者同士の意見を比較したり、組み合わせたりしようとすることを促す発問・問い返しなどを行う。発表や話し合いの意味付けや条件付けをその都度明確にする働きかけを行うことで、能動的な関わり合いが生まれるであろう。また、課題に対する「立場」やその「根拠」を、児童・生徒の発言によって共通点や相違点等を整理し、解決に向かわせるような発問・問い返しを吟味し、適宜講じる。これにより、「思いや考えを他者と共有」しながら、本時あるいは単元の目標に近づいていくことになると考える。

① 単元構想

1・ 育てたい資質・能力

〈知識及び技能〉
・共通、相違、事柄の順序など情報と情報との関係について理解したり、読書に親しみ、いろいろな本があることを知ったりすることができる。……………… (2)ア、(3)エ

〈思考力、判断力、表現力等〉
・場面の様子に着目して、登場人物の行動を具体的に想像したり、文章を読んで感じたことや分かったことを共有したりすることができる。……………… C(1)エ・カ

〈学びに向かう力、人間性等〉
・進んで、場面の様子や登場人物の行動など、内容の大体を捉え、学習の見通しをもって内容や感想を「読書郵便」にまとめようとする。

2・ 単元の概要／教材の特性

　「お手紙」は、アーノルド・ローベルの「ふたりはともだち」シリーズの作品である。登場人物の「がまくん」「かえるくん」は、「お手紙」以外の作品にも出てくる。本単元を通して、シリーズ読書をすることにより、作品同士を重ね合わせて読むよさを実感できるようにしていきたい。二人の関係性に着目して読むことは、自分の選んだアーノルド・ローベルシリーズの「おすすめ」の紹介（読書郵便）にも活用でき、「お手紙」という一つの作品だけでは見えなかったつながりや関連を見いだせるようにしたい。作品同士の関連を視点に読むことで、単元のゴールである「読書郵便」につながり、さらには、日常の読書活動で「シリーズ読書」のよさを味わいながら、読書する姿にもつなげていきたい。

3・ 単元構成　全12時間

・は学習内容や活動、◎は指導上の留意点を示す

第一次	学習計画を立てる（第1・2時）

・「読書郵便」をどのように完成させていくのか一人ひとりが学習計画を立てる。
◎教師の「読書郵便」のモデル（アーノルド・ローベルシリーズ）を見ることを通して、単元全体のイメージをもてるようにする。

第二次	一人ひとりの学習計画に合わせ、「お手紙」を読む（第3〜9時）

・一人ひとりの学習計画に合わせ、アーノルド・ローベルシリーズと重ね合わせて、登場人物の行動・会話に着目し、場面の様子について想像を広げながら読む。
◎アーノルド・ローベルシリーズと重ね合わせて読むよさを実感できるようにする。

第三次	「読書郵便」を記述し、交流する（第10〜12時）

・アーノルド・ローベルシリーズの「おすすめ」とその理由を記述した「読書郵便」を交流する。
◎第二次における学習を活用できるようにする。

② 個別最適な学びと協働的な学びを充実させる単元構成

1・学習目的の理解（見通し）

本単元に入る前に、アーノルド・ローベルシリーズを読むことができるように「アーノルド・ローベル読書コーナー」を設置したところ、ほかの作品を読む子どもの姿がたくさん見られた。単元の導入では、これまで読書してきたアーノルド・ローベルシリーズを想起し、自分が感じた「面白さ」とその理由を交流した。その後、教師が「読書郵便」のモデル

を子どもに提示した。「こんな感じで書いてみたのですが、イメージできそうですか？」と聞くと、「あ〜なるほど、『おすすめとその理由』ね。これなら、イメージできるよ」「これなら学習計画を立てることができるかもしれない」という話になった。「スイミーで勉強したように、どんなお話かを考えて……」「かえるくんががまくんにお手紙が来ることを教えたことがよく分からなかった」「かえるくんとがまくんの二人は親友なのかがなぞだと思ったよ」など、前単元よりも子ども自身の力によって、積極的に納得をしながら、既習の学びを生かし、ロイロノートで学習計画を作成した。その「読書郵便」を、実際に切手を貼って、学校近くの郵便局に出しに行く。自宅に届いた「読書郵便」を保護者に読んでもらうという単元のゴールにわくわくし、「やってみたい」と子ども自らが、単元のゴールと見通しと必要感をもつことができた。

読書郵便モデル

お手紙とアーノルドローベルシリーズのアイスクリームをくらべ、がまくんとかえるくんの関係のピースを中心に読書ゆうびんをまとめていきたいという計画です。また、ガマくんとかえるくん🐸は、親友かを調べていきたいです🐻

子どもの学習計画

2・ 構造と内容の把握

　2年生なりに、がまくん・かえるくんがどのような人物なのか、大まかに捉えることができた。単元を通して、アーノルド・ローベルシリーズの並行読書に取り組んでいたため、お手紙と比較しながら、がまくん・かえるくんの人物像について語り合う姿が見られた。

本時の板書

登場人物の人物像

登場人物の関係性を表現したノート

3・ 精査・解釈

　文章全体の「おすすめ」とその理由を話し合う活動を通して、アーノルド・ローベルシリーズと重ね合わせて、登場人物の行動・会話に着目し、場面の様子について想像を広げながら読むことができることを目標に授業を展開した。

　一人ひとりが自分自身の学習計画を生かし、「読みの視点」を交流する姿が見られた。「ああ。」「とてもいいお手紙だ。」に注目して読んだ子どもは、「『親友』と手紙に書いてあるなど、手紙の内容から親友ということが分かるよ」「自分（がまくん）には、こんなすてきな親友（かえるくん）がいるということが分かったところがおすすめだよ」など、会話文に注目して読むことができた。

　「ふたりとも、とてもしあわせな気もちで、そこにすわっていました。」に注目して読んだ子どもは、「がまくんだけではなく、かえるくんも幸せを感じているからこそ、本当の

親友だといえると思うよ」など、登場人物の行動・関係性に着目して読むことができた。

　「最初は、かたつむりくんがお手紙を届けるまでの時間が長いと思っていたよ。4日間の待つ時間は長かったかもしれないけど、『親友』と書いてあるお手紙を待つ時間が幸せだったと思うから、その待っている時間が親友という気持ちを高めたね。だから、お手紙を届けるのが早いカラスくんではだめなんだね」など、場面の様子を想像を広げながら読む姿も見られた。

　「『おはなし』を読むと、がまくんは具合の悪いかえるくんのために、お茶を入れたり、お話を考えたりしていて、友達思いなので、親友といえるね」「『なくしたぼたん』では、かえるくんががまくんのぼたんをさがし、がまくんはかえるくんに、ぼたんを付けた上着をプレゼントしたよ。このお話も、お互いのことを考えているから親友といえるね」など、「お手紙」とアーノルド・ローベルシリーズとを重ね合わせて、二人の関係性について読む発言もたくさん出された。

　「『クリスマスイブ』では、がまくんは、かえるくんのことを心配していて、『たこ』ではかえるくんはがまくんのことを応援しているから、助け合っていて親友だと思う」のように、二人の関係性についてノートへの記述も見られた。

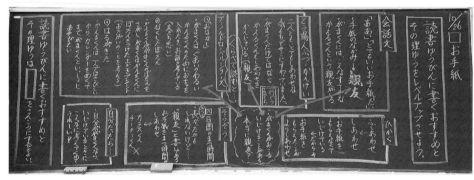

本時の板書

4・考えの形成

　一人ひとりの学習計画に合わせて、「展開」「会話や行動」「二人の関係性」「人物像」など、単元の学びを生かして、「読書郵便」に記述した。中でも、お手紙の作品と比較しながら、「『たこ』では、かえるくんががまくんを応援していたし、『クリスマスイブ』では、がまくんがかえるくんを心配していたから、二人とも助け合ってい

ることが分かりました」のように、本時やその他の交流の時間で学んだことを生かしながら、記述する姿も見られた。

5・共有

単元を通して学んできたことを生かし、「読書郵便」をお互いに読み合うことで、お互いのよさを認め合ったり、自分の学びの成果を実感したりすることができた。「そういう考えもあるね」「この辺が、素敵だと思ったよ」など、確かに「共有」されている瞬間がたくさん見られた。そして、最後の最後まで自分の考えを広げたり、深

めたりして、「読書郵便」を更新し続ける姿も見られた。単元のゴールでは、実際に学校の近所の郵便局のポストに「読書郵便」を投函した。数日後、「おうちの人に、『読書郵便』の文章が分かりやすかったと言われた」「お母さんも読んでみようかなと言われてうれしかった」など、学びの成果を実感することができた。

③ まとめ

子どもが必要感をもち、「学習計画」や「見通し」をもちながら、学習を進めることができた。朝読書などでも、アーノルド・ローベルシリーズを読む姿が見られた。今後も、「おすすめ」を視点に読みながら、子どもの興味・関心を引き出し、学びを深化させることができる入門期の国語授業づくりの在り方を追究していく。また、同時に、子どもたちが「読む力」を確実に身に付けることができ、学びの充実感・達成感を味わうことができるようにしていく。

学ぶ側に立つ指導・支援において、一人ひとりの学びのストーリーの構築をより一層充実させていきたい。

「どうぶつ園のじゅうい」

単 元 名	読んで考えたことを話そう
発 行	光村図書／2年上

宮崎県・都城市立西小学校　比江嶋哲

「子どもと創る言葉の学び」を考える

① 「ICT を活用した発問」で、子どもが自ら解決しようとする場を設定する

　一問一答で進める教師主導ではない国語の授業を創りたい。そのためには、すべての子どもが問いをもち、自分なりに考えたものを友達と交流しながら考えを高めていく。

　特に、低学年の授業では、できるだけ何を考えるのか「分かりやすく」し、考えを「往還させながら」、「子ども主体で」付けたい力を意識させるということを工夫したい。

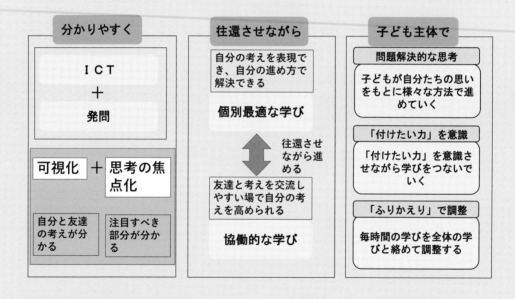

② 「ICT を活用した発問」の使い方

　筑波大学附属小学校国語研究部が研究している「学びのサイクルモデル」を参考にした。教材文を読んで考えをアウトプットさせた後に、「ICT を活用した発問」を使うことにより、再度教材文をもとに協働的に学習させることで、思考の深まりをねらっていった。

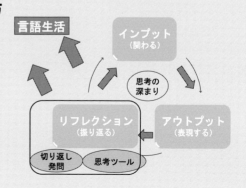

① 単元構想

1・育てたい資質・能力

〈知識及び技能〉

・共通、相違、事柄の順序など情報と情報との関係について理解することができる。
　　　　　　　　　　　　　　　　　　　　　　　　　　　　　　　　　　　　　　　(2)ア

〈思考力、判断力、表現力等〉

・時間的な順序や事柄の順序などを考えながら内容の大体を捉えることができる。
　　　　　　　　　　　　　　　　　　　　　　　　　　　　　　　　　　　　　　　C(1)ア

・文章の内容と自分の経験とを結び付けて、感想をもつことができる。 ………… C(1)オ

〈学びに向かう力、人間性等〉

・進んで文章と経験とを結び付けて感想をもち、学習の見通しをもって考えたことを話すことができる。

2・単元の概要／教材の特性

　本教材は、動物園の獣医の一日の仕事について、獣医本人が説明をしていく一人称の説明文である。朝から時間を表す言葉をもとに、治療する動物と獣医が行った工夫について分かりやすく述べているので、時間の順序、内容の順序を学ぶのに適した教材である。

　頭括型の文章で、初めの段落で獣医の仕事について説明し、その後の段落であある日の仕事を示し具体例を展開している。毎日行う仕事とそのときだけ行う仕事それぞれに理由が書かれているので、なぜその仕事を行うのか、考えさせることができる。

3・単元構成　全11時間

・は学習内容や活動、◎は指導上の留意点を示す

第一次	学習の見通しをもつ（第1・2時）

・教材文を読み、初発の感想を書く。
・初発の感想をもとに学習課題を設定し、学習の進め方を確認する。
◎「獣医さんのすごいところを見つけよう」という学習課題を設定する。

第二次	獣医の仕事と工夫について読み取る（第3~9時）

・時間の順序に気を付けて、筆者が「いつ」「どんな仕事をするか」を分けて書く。
・「仕事をしたわけ」「仕事の工夫」を見つけ、どのように感じたかを話し合う。
・「毎日すること」と「この日にだけしたこと」は何かを考え、その違いを話し合う。
◎時間の順序と事柄の順序について文章を読み取る。

第三次	読んで考えたことを伝え、獣医の仕事と工夫を創作する（第10・11時）

・獣医の仕事について、ほかの日の仕事を考えて書く。
◎「ある日のじゅういさん日記」をまとめる。

②「ICTを活用した発問」を位置付けた授業づくり

1・まず「課題解決的な言語活動」を位置付ける

　本教材で付けたい力は「順序」である。時間的な順序とあわせて、「だれが何をしたか、なぜしたのか」という内容（説明）の順序も押さえていく。さらに、学習課題の「じゅういさんのすごいところを見つけよう」も伝えられるような言語活動を位置付けたい（図1）。

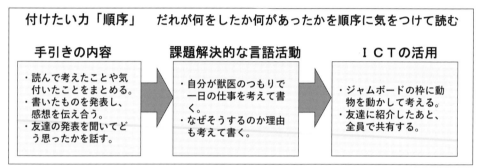

付けたい力「順序」　だれが何をしたか何があったかを順序に気をつけて読む

手引きの内容	課題解決的な言語活動	ＩＣＴの活用
・読んで考えたことや気付いたことをまとめる。 ・書いたものを発表し、感想を伝え合う。 ・友達の発表を聞いてどう思ったかを話す。	・自分が獣医のつもりで一日の仕事を考えて書く。 ・なぜそうするのか理由も考えて書く。	・ジャムボードの枠に動物を動かして考える。 ・友達に紹介したあと、全員で共有する。

図1　手引きの内容と工夫したポイント

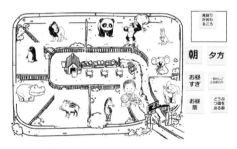

図2　時間を枠に入れて考えるジャムボード

図3　言語活動「ある日のじゅういさん日記」のジャムボード

　まず、「どうぶつ園のじゅういさん日記を作ろう」という言語活動にした。この活動では、Googleのジャムボード（以降「ジャムボード」と記載）である日の獣医さんを動かしながら仕事の内容を振り返らせる（図2）。

　これにより、「すべての動物にあいさつする」などの獣医の仕事を具体的に捉え、自分と結び付けて感想をもたせやすくすることができる。また、朝・夕方などの時間の言葉を枠に入れながら仕事と理由を考えさせることもできる。

　獣医さんを時間ごとに動かした後、別のジャムボードで、「じゅういさん日記」を作らせる（図3）。そこに、ある日の獣医さんの仕事を自分で考えて、時間ごとに獣医さんの仕事を記入させていく。

　日記ができ上がったら、友達と交流をさせ、自分が感じた獣医さんのすごいと思ったところと合わせて発表させていく。

2・ ねらいに合わせた「ICTを活用した発問」を位置付ける

発問を入れた思考ツールをジャムボードで配布し、ペアまたはグループで解決させていく。段落の構成を捉える場面、内容を捉える場面、全体を俯瞰して捉える場面のICTを活用した発問の事例を記載する。

○ 段落の構成を捉えさせる（2時間目）

> 発問　どうぶつはどんな順に出てきた？
> ほかに仕事はなかったかな？
> この日だけやっている仕事はどれ？

「どの順にどうぶつが出てきたか」「ほかの仕事はなかったか」という発問で、ジャムボードを使い、動物の絵と付箋を使って説明の順を考えさせた（図4）。

動物の絵で、事例の順を考えさせ、ほかの仕事を付箋で書かせたことで、毎日やっている仕事とこの日だけやっている仕事を整理し、段落の構成を捉えさせることができた。

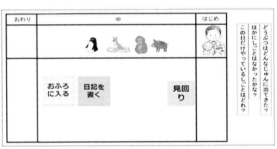

図4　第2時に使用したジャムボード

○ 段落の内容を読み取らせる（6時間目）

> 発問　わがままなにほんざるは、ほっといていいんじゃない？

各段落の読み取りは、「獣医さんはいつどんな仕事をしたのか」について発表させる。読み深める（獣医さんのすごさを考える）発問として、逆の意見を言うことにより、その理由が書かれている文に着目させようとした。

その際、二択になるような発問にし、ジャムボードを活用して、ペアで交流させながら考えを記入させた（図5・6）。

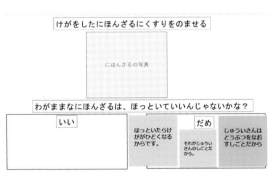

図5　第6時に使用したジャムボード

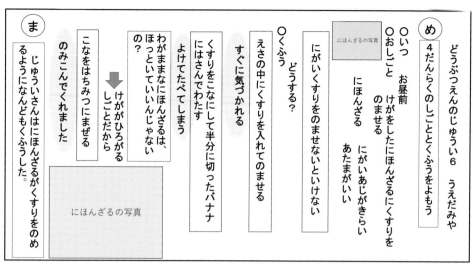

図6　第6時の板書記録

○ 全文を振り返って事例を読み取らせる（9時間目）

> 発問　先生が考えた日記でもいいかな？
>
> 　　　これまでの日記が役に立ったのは、どの動物でしょう？
>
> 　　　この日の日記が次に役に立ちそうなのは、どの動物でしょう？

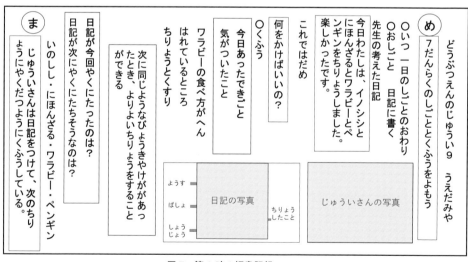

図7　第9時の板書記録

　日記について、どのような日記がいいか全員で考えを出し合った後、今回四つの事例の中で日記が役に立ったのはどの動物か、また、今回役に立たなかったけど、次は役に立ちそうな動物はどれかGoogleフォームのアンケートで考えさせた（図8）。

　結果から、なぜそう思うのか、何が次に役に立つのか話し合わせ、全文を振り返らせた。

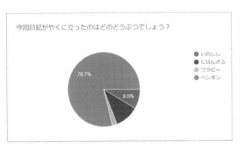

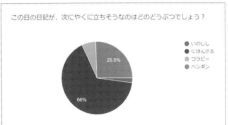

図8 Google フォームの問題と回答結果

③ まとめ

　低学年では、考える場を設定して、話し合わせながらそこで出た問いも合わせて考えていくような進め方が、実態に合っていると考えた（図9）。

　授業後、「タブレットを使った授業で自分の考えが書けましたか」というアンケートでは、ほぼ全員が肯定的な評価だった（図10）。ICT を活用した発問は効果的であるといえる。

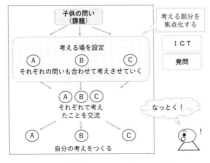

図9　授業づくりのイメージ図

図10　アンケート結果のグラフ

「モチモチの木」

単 元 名	人物像に迫ろう
発　　行	光村図書／3年下

神奈川県・川崎市立土橋小学校　藤田伸一

「子どもと創る言葉の学び」を考える

「言葉の力」を自覚化させよう！

　子どもと授業を創るためには、子ども自らが言葉の働きや効果などに目を向けられるようにしていかなければならない。子どもは、3年生になるまでに、かなりの言葉を使って話したり読んだりしてきている。しかし、その営みは無自覚的な場合が多い。何となく言葉を使って言語活動をしているように映る。

　この状態を打破するためには、子どもたち一人ひとりにどの言葉に、どのようにアプローチしていけば言葉の力が身に付くのかを自覚させていく必要がある。これまでに多くの教師が、発問を中心に授業を展開してきた。「じさまが、腹痛を起こしてうなっているときの豆太の気持ちは？」「どうして豆太はおくびょうなのに医者様を呼びに行けたのかな？」といった具合である。これでは、どうしても子どもは受身になる。自分から考えるのではなく、教師から思考するきっかけを与えられている。もちろん発問が悪いと言っているのではない。教師が投げかけている発問を子どもが見つけられるようにしていきたい。もっと言えば、子どもが読みの観点を蓄積していけるような授業を日々積み重ねていくことが重要だと考えている。

　人物の心情一つとっても、どの言葉に目をつければ気持ちを深く捉えることができるのか、その「目のつけどころ」を獲得できるような授業が構想できるとよい。「こわかった」「ふしぎ」などの直接気持ちを表す言葉や「じさまぁ」「……それじゃぁ、おらは、とってもだめだ……」などの会話文、「表戸を体でふっとばして走りだした」「豆太はなきなき走った」などの行動描写、「昼間だったら、見てえなあ……」などの心内語、これらの表現に目を向ければ人物の心情を想像したり解釈したりすることができることを発見させていくのである。

　「目のつけどころ」が明らかになった後は、それらを使えるようにしたり対話で深めたりしていけるようにする。例えば、会話文が出てきたら「どうして豆太は、そんなふうに言ったのだろう」と、自問させる。そして、ノートに自分なりの答えを書くようにする。この一人読みは、言葉や表現と自ら対峙していきながら自分の読みを創造する営みである。自分の考えだけでは、不安だったり確信を得たかったりした場合に、自然と対話が生まれる。2人で解決しなければ3人、4人と仲間を増やし、それでもまだもやもや感が残るときは、全体に投げかけ解決を図っていく。個と集団の往還による子どもが創る言葉の学びが展開される授業となる。

① 単元構想

1・育てたい資質・能力

〈知識及び技能〉

・様子や行動、気持ちや性格を表す語句を見いだしたり、それらの語句の効果について理解したりできる。 ………………………………………………………… (1)オ

・語り手の独特な語り口や語り手の人物への思いを意識しながら音読している。… (1)ク

〈思考力、判断力、表現力等〉

・中心人物の変容や人物像を会話文や行動描写、語り手の語り口をもとにして捉えることができる。 ……………………………………………………………… C(1)エ

〈学びに向かう力、人間性等〉

・自分で問いを見つけ、最適な解決方法を選択し、粘り強く問題を明らかにしようとしている。

2・単元の概要／教材の特性

　本単元では、中心人物の人物像を捉えることを主なねらいとする。まずは、本教材の学習で、人物像へのアプローチの仕方を押さえる。さらに、そこで身に付けた力を活用して斎藤隆介作品を読み、中心人物の人物像を紹介するポスターを作る。人物像に迫るには、語り手の語り口や会話文、行動描写などに目を向けることが重要だと気付かせるようにする。

　この教材は、中心人物である豆太が二面性をもっていることが最大の面白みである。夜中に一人でしょんべんに行けない面と、真夜中でも愛する者のためには勇気を出せる面とを併せもっている。この独特な人物像に迫らせていきたい。また、語り手が豆太を直接評価する語り口も特徴的である。語り手の存在に気付かせることができる好教材である。

3・単元構成　全8時間

・は学習内容や活動、◎は指導上の留意点を示す

第一次	問いを見つけよう（第1・2時）

・教師の読み聞かせを聞き、疑問点や明らかにしたいことなどを問いにする。

・自分が見つけた問いに対する自分の考えをノートに書く。

◎「目のつけどころ」を意識させて自問自答できるようにする。

第二次	問いを解決しよう（第3～6時）

・問いを出し合い、ペアや3～4人のグループ、全体で検討する。

◎人物像に関わる問いが出ない場合は、教師が投げかけるようにする。

第三次	人物ポスターをかこう（第7・8時）

・斎藤隆介作品を読み、人物像を人物ポスターにまとめ、交流する。

◎「モチモチの木」でまとめた方法を活用するようにする。

② 授業の実際

ステップ1　子ども自らが問いを創る

子ども発の疑問から

　まずは、教師が読み聞かせをすることで作品と出会わせる。子どもたちは、作品の力によって心が動かされる。感想や疑問が渦巻く。そこにアプローチすることから始める。「この物語を聞いて、なんで？　どうして？　という疑問が出てきた人がいると思います。それを教えてください」と投げかける。子どもたちが抱いた素朴な疑問を引き出すのである。「なんでじさまを助けるために医者様を呼びに行けたのかな？」「どうして最後にまた『じさまぁ』と言ってしょんべんに起こしているのかが分からない」など。

問いの出し方を学ぶ

　何人かの疑問が出された後に、問いの見つけ方を教える。中には、疑問をどう出したらよいか分からない子もいる。誰もが簡単に問いをもてるようにしていくことが大切だ。もう一つ大きなねらいは、言葉にしっかりと向き合わせ、みんなと解決していく上で価値のある問いを創出させることである。ここで大事なのは、教師が頭ごなしに問いの出し方を教えるのではなく、子どもから出てきた問いを生かして全体に広げていくことだ。

　行動に目を向けた子の発言の後に、「人物の動きに注目して疑問を出してくれたんだね。とてもよい問いですね」と位置付けたり価値付けたりする。行動描写に目をつけると問いが生み出せることを意識付けする。その後に、行動描写が出てきたらそれに線を引かせ、「どうしてこんなことしたのだろう？」と自問させるようにする。例えば、「どうして豆太は、表戸を体でふっとばして走りだしたのだろう？」という問いが創られる。

　会話文に目をつけた子の発表の後には、行動と同様に位置付けや価値付けを行った後に、「会話文が出てきたら、どうしてそんなこと言ったのかな？　と自分に聞いてみよう」と投げかけるようにする。すぐに子どもは、会話文を見つけて問いを創ろうとする。

語り手の語り口も重要な「学びの窓口」

　この教材では、語り手にも着目させていきたい。語り手の語り口も「目のつけどころ」として使えるようにしていく。しかし、子どもからは、なかなか疑問として立ち上がってこない。物語の冒頭に「全く、豆太ほどおくびょうなやつはいない。」という地の文がある。「誰が言っているのかな？」と子どもに聞いてみると、必ず「作者」という答えが返ってくる。「このお話は、かなり前のもので斎藤さんは、まだ生まれていないかもしれません」と解説する。そうすると、「ナレーター？」という発言が聞こえてくる。この時点で、お話を進める人は「語り手」であることを押さえる。語り手の語り口にも気を付けるように促し、語りを見つけたら「どうして語り手は、こんなふうに語っているのだろう？」と自問させる。この観点を意識することで、語り手が豆太をどう見ているのかを通して、豆太の人物像に迫っていくことができる。

これらの問いは機械的に創っているように見えるが、最初は自分の問いになっていなくても、自問自答を重ねることによって、徐々に自ら生み出した問いになっていくのである。

ステップ２　最適な解決方法を選択する

自答するところからスタート

　問いを見つけた後は、まずは自分で答えを考える。簡単に見つかった場合は、その時点で解決である。なかなか考えが浮かばない場合は、今までに学習してきた読みの方法を駆使して解決に当たるようにする。それでも答えが明らかにならないときもあるだろう。そんなときこそ教師の出番である。その問いに合った新たな解決方法を教えるのである。子どもは解決したいと思っているので、教師からの提案でも素直に受け入れてくれる。

解決するための最適な方法を選ぶ

　第一場面「おくびょう豆太」の豆太が小さい声で「じさまぁ」と声をかけるシーンで、どんなふうに子どもが動いていくのか見てみよう。まず、ノートに「どうして豆太はじさまに『じさまぁ』と小さい声で言ったのだろう？」という問いを書く。その後に、答えを明らかにするために自分の考えを問いの横に書くようにする。簡単に答えが浮かんでこない場合には、今までに学習してきた読みの方法を使って解決を図っていく。豆太になりきって想像していく子がいる。豆太の心のつぶやきを吹き出しに書いている姿がある。この会話文を音読している様子が見られる。こんなふうにそれぞれが問いと正対して、最適だと思う解決方法を使って答えを見つけ出していくのである。

教師が解決方法を提示する

　問いによっては、既習の読みの方法では解決に至らないケースが出てくる。そんなときこそ、教師の出番である。新たな読みの方法を教える絶好の機会となる。「豆太は、おくびょうなのにどうして医者様を呼びに行けたのだろうか？」という問いが出されたとき、思うように自分の考えが出せないで困っている子がいた。机間を回りながらそのことに気付き、「よい方法があるよ」と投げかけてみた。豆太の臆病さをメーターで表す方法を提示したのである。ノートの一番上が勇気100％、真ん中が0％、一番下が臆病100％とする。各場面で豆太が、どの位置にいるのかを点で表す。このように可視化していくと、豆太の心と行動の変化がつかめる。

子どもの言葉の学びイメージ図

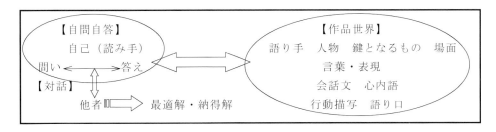

ステップ３　対話で解決を図る

対話の現状

　「隣の人同士話し合ってごらん」とか「グループで検討してみましょう」と教師が指示する場面が多く見られる。これは、果たして子どもが話し合いたくて動いている姿といってよいのだろうか。そうではないだろう。教師が話せというから話しているに過ぎない。やはり、子どもが聞いてほしい、話したい、だから仲間と交流したり検討したりするという学び合いの姿を創り出していきたい。

子ども発の対話に

　先ほど「豆太は、おくびょうなのにどうして医者様を呼びに行けたのだろうか？」という問いを示した。これは個の問いである。この子は、教師の助けを得て、人物像メーターを駆使し、何とか自分なりの答えを導き出すことができた。しかし、本当にこの考えが妥当なのか、適切なのか不安なのである。誰かと話し合うことで確信を得たいと思っている。だから、対話をするのである。「最後の方の豆太は、本当は勇気があって、一人でしょんべんに行けるのに行かないでじさまに甘えているのだ」という考えを自分はもっていた。対話をしたら、友達から「豆太は、ふだんはおくびょうなんだけど、緊急事態の時は勇気が出せるのかもしれない」という意見を聞いた。意見が分かれ、どちらが妥当かよく分からない。だから、もう一人呼んできて話し合う。それでも納得がいかないから４人のグループになる。これが、子どもが創る対話的な学びの在り方ではないだろうか。

協働的な学びで深める

　グループで話し合っても、納得解が創れない。だからみんなで話し合いたくなるのである。「『豆太は、おくびょうなのにどうして医者様をよびに行けたのだろうか？』という問題をこの４人で話しました」「それで、豆太は、もうおくびょうではなくて勇気が出せる豆太に変わったから行けたという意見とふだんはおくびょうなんだけど、じさまが死にそうになるという緊急事態のときは勇気が出るという意見に分かれたんですけど、みなさんはどう思いますか？」子どもから全体に問いが投げかけられた。

　このとき、初めて共通の課題が生まれたことになる。ずっと考えていた子と初めて考える子とでは温度差が生じる。したがって、ここで個に返す必要性が生まれる。一度自分でこの課題に向き合う時間を保証するのである。そして、最適な解決方法を教師から再度全体に提案する。先述した人物像メーターである。提案した４人の子どもたちも再度見直す機会となる。

　書けた子同士の対話が始まる。納得がいかなければ３人、４人となる。そして、また全体に投げかけられ、協働の話し合いがスタートする。「私も最後は、勇気のある豆太になっていて、わざとじさまに甘えてるんだと思います」「でも、『それでも豆太は、じさまが元気になると、そのばんから、』と書いてあるから、じさまが元気なときは勇気が出ないんだと思う」「たぶん、じさまのように大切な人が死にそうになるみたいな緊急事態のときは勇気が出せて、ふだんのときはおくびょうのままなんじゃないかな」豆太の二面性

が協働の学びによって明らかになっていくのである。

教師の出番を見極める

　「子どもと創る」の意味は、子ども任せの授業ではなく、教師が出るべきところは出て子どもと共に授業を創造していくということである。教師の出番は大きく三つあると考えている。

　一つは、全体の話し合いで煮詰まってしまい思うように深まっていかないときである。再度叙述に返らせたり、場面や言葉・表現を比較させたり関係付けたりしながら深い学びにつなげていく。先の例でいえば、「つまり、豆太には、勇気が出せるときと出せないときがあるのかな？」と、子どもの発言を捉えながら二面性への気付きに誘っていく働きかけが重要となる。二つ目は、子どもから教師が考えてほしい課題が出されないときに、教師から提案する場合である。「語り手は、豆太のことをどう思っているんだろうね」や「豆太って結局どんな性格なんだろう？　ポスターにまとめて発信しよう」「斎藤隆介さんは、ほかにもたくさん物語を書いています。その中の人物像をポスターに整理して紹介し合おう」これらの発問や指示を用意し、タイミングを見計らって子どもに投げかけていくことも大切である。最後は、先にも述べたが、最適な解決方法を提示することである。これらの教師の働きかけが、子どもを言葉の学び手へと変貌させていくことになる。

ステップ4　学びを振り返る

　1時間の授業の最後に、学びを振り返る時間を設定する。何を振り返るのかは、二つのことを大切にしていきたい。第一に、誰のどの発言によって、どんなことが分かったのかをノートに書くようにする。考えが変わったのか、より確信をもてたのか、新たな発見をしたのかを見つめさせる。第二に、学び方を自覚させるようにする。問いは、どんな言葉に目をつければ立てることができるか、人物像に迫るためには、どのような解決方法を選択すればよいのか、などを振り返る。そのことによって、次の物語教材を読んでいく際の読みの力として定着が図られる。

③ まとめ

　「子どもと創る言葉の学び」を実現させるためには、とことん子どもと教材の力を信頼し、学びを子どもの手に委ねることが極めて重要である。子どもが自らの手で明らかにしたい問いを見つけていく。そして、どのような解決方法を選べば、問題が明確になるのかを考える。自分が選択した方法で解決を図り、不十分な場合は、仲間と協働して納得解を見いだしていく。このような学びが成立することによって、子どもが創りあげる言葉の学習となる。確かに「子どもが」が理想ではある。しかし、「子どもと」教師とで創造していくのである。子どもの既習の学びに新たな言葉の力や方略を身に付けさせていくには、教師の出番が欠かせない。子どもの言葉の力を最大限に伸ばすために、子どもの主体性を発揮させつつ教師の出番をうかがい、共に言葉の学びの空間を創り出していきたい。

「おにたのぼうし」

単 元 名	登場人物の気持ちのうつりかわりを読もう
発 行	教育出版／3年下

沖縄県・宜野湾市立大山小学校　山田秀人

「子どもと創る言葉の学び」を考える

作品の世界に「遊び」、子どもの豊かな読みを育む国語教室を目指す

「文学教材を学習する目的は何ですか?」このように尋ねられたとしたら、あなたなら何と答えるだろうか。様々な考え方があるだろうが、私は「ことばを学ぶこと」だと答える。「ことば」には、ある事象や物事を理解する際に思考する手段としての役割と、事実や思い、考えを表現する手段としての役割がある。つまり、小学校段階の子どもたちは、自分自身や他者、または身の回りの出来事を自分なりに意味付けして理解するために、そして、自分の思いや考えをできるだけ正確に他者に伝えるために言葉を学んでいるといえる。

文学教材で扱う「ことば」は、辞書に載っている意味にとどまらず、そこに作者の思いや意図がしのばされている。その一つひとつを読み取ろうとする際に、教室の一人ひとりの見方や考え方が表れ、互いの言葉がさらにみがかれていく。このとき、子どもたちが作品世界に夢中になればなるほど、没頭すればするほど、子どもたちの中に豊かな言葉の力が育まれる。この夢中と没頭の状態、それが「遊び」であり、本書で提起された「子どもに学びを委ねる場面」が実現された状態であると私は考えている。

作品の世界に「遊ぶ」

では、具体的にどうすることが作品の世界に「遊ぶ」ことなのか。中洌ら(2019)は、あまんとの対談の中で次のように述べる。

「『遊ぶ』は『学ぶ』を内包するものとして捉え、事実の世界に学び、真実の世界に遊ぶと考えると、想像力も、そして創造力も、光を放つように感じられます」

私はこの言葉を受けて、真実の世界、つまり作品世界に遊ぶとは、自らの生活経験や学習経験を土台にして作品に出会い、言葉の解釈を他者と共に楽しむことであると捉えた。当然のことだが、子どもたちは一人ひとり異なる現実を生きている。それをもとに作品世界を想像した子どもの語りには、必ずズレが生じる。その他者とのズレをテキストの言葉を頼りに埋めていく。その際には、ただ自由なだけでなく、論理的な読み方に裏付けられた想像力や創造力が必要になってくる。

本稿では「『子どもと創る言葉の学び』を考える」というテーマのもと、文学作品の世界に「遊ぶ」という試みで授業を提案したい。

① 単元構想

1・育てたい資質・能力

〈知識及び技能〉

・様子や行動、気持ちや性格を表す語句の量を増し、言葉には性質や役割による語句のまとまりがあることを理解している。……………………………………………………… (1)オ

〈思考力、判断力、表現力等〉

・文章を読んで理解したことに基づいて、感想や考えをもっている。………… C(1)オ

・文章を読んで感じたことや考えたことを共有し、一人一人の感じ方などに違いがあることに気付いている。……………………………………………………… C(1)カ

〈学びに向かう力、人間性等〉

・今までの学習を生かして、文章を読んで理解したことに基づいて、自分なりの感想や考えをもち、書いたり話したりしようとしている。

2・単元の概要／教材の特性

　節分の夜を舞台に黒鬼である「おにた」が、まこと君の家と女の子の家に行くことで、「鬼」という存在である自分に哀しみを抱き、最後には「氷がとけたように」消えてしまう。人間が抱く、「鬼」は邪悪な存在だという固定的な見方について、「おにた」の言動や女の子の台詞が新たな見方や自由な発想をもたらしてくれる作品になっている。

　3年生の最後に学ぶ文学教材であるから、これまで獲得してきた自分なりの読みの力を生かしながら、文学作品の世界で遊ぶ国語教室を実現したい。

3・単元構成　全9時間

・は学習内容や活動、◎は指導上の留意点を示す

第一次	言語活動を設定し、本文を通読して内容の大体をつかむ（第1・2時）

・教師の範読を聞いた後、各自で音読の練習をする。

・作者（あまんきみこさん）に向けて、初発の感想を書く。

◎「お話のいいところ」をテーマに作者に向けてお手紙を書くという言語活動を設定する。

第二次	初発の感想を拠り所に、「おにたのぼうし」を詳細に読む（第3~7時）

・作品の設定（人物、時、場所）を整理し、場面の移り変わりを捉えて読む。

・おにたの性格や見た目について話し合うことを通して、人物像を捉えて読む。

・おにたの気持ちの変化について話し合う（まこと君の家と女の子の家のおにた）。

・読後の感想を作者への手紙という形で書く。

◎作品に対して抱いた問いに対して自分なりに創造したことを手紙に表す。

第三次	あまんきみこ作品を選んで読み、「お話のいいところ」を紹介する（第8・9時）

・作品を読んで自分が抱いた感想や考えを書いたり話したりして伝え合う。

◎作者への手紙やブックトーク、ポスターなど自分で表現の方法を選べるようにする。

② 授業の具体 （第二次第3時）

1・本時の目標

◎センテンスカードの語句の間違い探しを通して、作品の設定（人物、時、場所）を整理し、場面の移り変わりを捉えながら読むことができる。

　音読練習（目安は、新出の漢字や語句を含め、本文をスラスラ読むことができる）や初発の感想を書くことを終えた上での学習となる。各場面から抽出した文をセンテンスカードにして、その中の語句を置き換えて間違いをつくっておく。その間違いの語句を正しながら作品の設定を整理していく。その際、正しい語句を発言するだけにとどまらないよう、「置き換えた語句のままでもよいのでは？」とゆさぶりをかけたり、「この文が表していることは何か？」と問い返したりしながら、前後の文脈の理解を促していくようにする。

2・本時の展開

（1）センテンスカードの提示を演出する

　提示するセンテンスカードは、次の10枚にした。授業の導入では、「みんな音読も上手になっているから、今日はテストをするよ」と言いながら、センテンスカードを1枚ずつ提示して、全体で音読するように促す。すると、子どもからは「変だよー」とか

6	5の場面	4	3の場面	2	1の場面	
ばらばらぱらぱらとてもにぎやかな豆まきでした。	「まあ、赤い豆！まだあったかい……。」 「氷がとけて、急におにたがいなくなりました。	「節分だから、ごちそうを作ったんだ。」	「知らない男の子が、……だから、ごちそうを作ったんだって。」 「ははあん。」	てんじょうの上に、はりねずみのようにかくれました。	おには、毛のいいおにでした。 物置小屋のてんじょうに、去年の春から、小さな赤おにの子どもが住んでいました。	節分の昼のことです。

※注）太字、横線部の語句を置き換えて間違いをつくった。
　　　実際の授業では、センテンスと挿絵を合わせた場面カードとして提示。

「違うよ！」と勢いよく反応が返ってくる。そこで教師は、「違うって何が？」と聞き返して、センテンスカードの語句に間違いがあることを全体で確認する。その上で、「これから提示するカードには一箇所ずつ間違いがあり、それを見つけること」という学習活動を全員が把握できるように確認していく。

　実際には「間違い探しゲーム」と名付け、2枚目までは「ゲームの練習だよ」と言い、全体で進めていった。3枚目以降は、1枚ずつ提示して音読するにとどめて、すべてのセンテンスカードを黒板に貼ったところで、「全員起立。隣の人と相談して、間違いを見つけて正しい言葉が分かったら座りましょう」と指示した。この活動は教科書を伏せて行うことにしたが、2人とも分からないときは教科書を「チラッとだけ見てもいいよ」と伝えておいた。

　センテンスカードの間違いを正すという単純な活動ではあるが、私はそこに以下の三つの演出を取り入れた。

> ①挑戦心に火をつけるために、「〇〇ゲーム」と名付け、教科書を伏せるように促す
> ②言葉の解釈を表出できるように、ペアでの活動を促す
> ③教科書を見てもよいことを全体でルール化することで心理的安全性を担保する

（2）お話の内容について話し合う

　ペアで語句の意味やお話の内容について吟味をした後、全体で正しい語句に直しながら内容理解を図った。話し合いの一部が次のＴ－Ｃ記録である。

> 〈ケ〉
> 「まあ、**赤い豆**！
> 　まだあったかい……。」

> Ｔ：〈ケ〉のカードで変なところはどこかな？
> Ｃ：「赤い豆」って言葉が変！
> Ｃ：正しくは「黒い」だよ。
> Ｔ：本当？　教科書ではどこに書いてある？
> （各自、教科書の該当箇所を確認）
> Ｔ：でも、「赤い豆」でも豆まきできるよね？
> Ｃ：だけど「黒」じゃなきゃダメだよ。
> Ｃ：そう、だってさ、おにたは黒おにだから！〈イ〉のカードに書いてあるでしょ。
> Ｔ：みんなは〇〇さんの言いたいことが分かる？
> Ｃ：おにたが消えてしまった後、おにたの麦わらぼうしから出てきた豆だから、おにたが豆になったということ？
> Ｃ：まだ分からないけど……、黒おにと黒豆にはつながりがあると思うよ。
> Ｔ：初めに書いた感想で「おにたはどこに行ったのか？」という疑問を書いてくれた人がいたよね。黒豆になったかは分からないけど、〈色〉にはつながりがありそうだとお話してくれました。

　ここでは、「赤い豆」という語句が正しくは「黒い豆」であることを確認した上で、「赤でも豆まきはできるのでは？」と、ゆさぶりをかけた。そうすることで、ほかの場面とのつながり（ここではおにたの見た目）や、「おにたがどこに消えたか」という子どもの疑問への布石になると考えたからである。

　このように、テキストの言葉を手がかりに「想像力」を働かせて場面の様子をイメージすることができるようにした。提示したセンテンスカードは、子どもの「想像力」を働かせるための手がかりであって、本時で大切なことは、場面のつながりを捉えたり言葉が表す様子や意味を吟味したりできることである。

（3）本時のまとめ

　この授業で押さえるべきことは、「作品の設定（人物、時、場所）を整理し、場面の移り変わりを捉えながら読むこと」であった。授業では子どもの発言を受けて、センテンスカードを矢印でつないだり、言葉から想像したことを周りに吹き出しで書き込んだりしな

がら子どもの言葉を丁寧に紡いでいくように心がけた。

③ 子どもの「創造力」を引き出す
（第二次第5~7時）

◎初発の感想（作者への手紙）に見られた内容

　第一次に書いた初発の感想のうち、実際の授業で話題になったものを以下に示しておく。

・このお話のいいところは、マイナスからプラスになるところです。お話の中で、マイナス→プラス→マイナスと、何度か変わるお話ははじめてだと思います。【人物の変容】
・女の子に渡したごちそうは、どこからきたのかな？【文種】
・消えたおにたはどこにいったのかな？　神様だったんだと思います。【結末の効果】

（1）人物の変容とお話の結末（喜劇と悲劇）

　年度はじめから読み聞かせなどを通して、物語にはその結末によって喜劇と悲劇があることを確認していた。子どもたちはこのことをお話の「プラス」と「マイナス」という言葉を用いて語り合うようになっていた。*1

　そのような中、第5時で「3の場面は、プラスかマイナスか？」という話題になった。「お母さんが病気だからマイナスだよ」との発言や、「食べるものもないけど、いいウソをついているからプラスだと思う」「夢中で飛び出すことや、女の子を見守る優しさがプラス」などの意見が交わされた。話し合いを通して子どもたちは、おにたの人物像に迫っていた。授業のまとめに話題を整理する際は、「誰の気持ちや言動に寄り添って考えたのか」と問い返すことで、物語の視点から自分の考えを整理するように促した。

（2）物語はうそっこ！？

　国語の授業において、自分なりに創造したことを語り合う時間は楽しいものだが、なんでもありの話し合いに終始してはならないことは当然である。「創造力」の裏には、作品に対する確かなイメージ、仲間と紡いだ「想像力」が土台となる必要がある。しかし、一見、突飛な意見に思えたとしても、そこから新たな学びや考えの深まりにつながることがある。また、よくよく耳を傾けてみると、その子なりの事実やこれまでの学習経験にもとづいた考えであると気付かされることもある。

　第5時における学習の振り返り作文で、「おにたはマイナスな気持ちがあったと思う。だって、これからご馳走を盗まなければならないから」と、綴った子がいた。その子は、次の時間の導入時に意気揚々と発言した。すると勢いよく多くの手が挙がり、「盗むなんて書かれていない」とテキストに即した意見や、「おにたがそんなことするはずない。なぜなら……」というおにたの人物像にもとづいた反論が出された。一方、中には「もしかしたら盗んだかもしれないね。いけないことだと分かっていても、女の子にとにかく早く食べさせたいという気持ちが勝ったんじゃないかな」とおにたの人物像や気持ちに、より

思いを巡らせた意見も出された。子どもの目線から語られる作品世界は、大人の想像を超えてくる。まさに「創造力」が働いている読みだと思う。授業の手綱を子どもに委ねることで得られる学びは大きいのだと改めて気付かされる瞬間であった。

④ まとめ

　本稿では「『子どもと創る言葉の学び』を考える」というテーマのもと、文学作品の世界に「遊ぶ」という試みで授業提案をした。教材は、あまんきみこ「おにたのぼうし」である。作品世界に「遊ぶ」という試みの発端は、2019年発刊された『あまんきみこと教科書作品を語らう』である。作者であるあまんきみこさんに、中洌正堯先生と長崎伸仁先生がインタビューをして創作論と鑑賞論の両方の立場から文学作品について考え、国語授業づくりに活かすことが語られていた。そこにヒントを得ながら、私は実践者の立場から二つの《そうぞうりょく》を拠り所に「子どもと創る言葉の学び」に挑戦してきた。

　まず一つ目は、子どもの「想像力」を生かす視点である。テキストから子どもは、どのようなイメージをもったのか、子どもの「想像力」を引き出すことを試みた。そのために、センテンスカードの語句を置き換えて間違えをつくり、「なぜ、ダメなのか？」「それはどういうことか？」などと問い返しながら、子どもが発する言葉をもとに作品世界を描いていった。ここでは、勝手自由に想像するのではなく、作品の設定や人物像、人物の変化といった文学を論理的に読むことを大切にした。そこで語られ、共通認識された言葉は、子どもたちが今後の学習に生かすことができるだろう。

　二つ目は、「創造力」である。これは、「氷がとけたように急にいなくなったおにたは、どこにいったのか？」や「おにたが女の子に届けたごちそうは、どこからきたのか？」などのような子どもがもつ素朴な疑問に答えるために発揮されるものである。本実践では、作者に宛てた初発の感想から疑問を引き出し、授業の中で仲間と共に考えたい「問い（学習課題）」として設定し、語り合うことを試みた。そこで発揮された「創造力」はどれも独創的かつ個性的なものであり、子どもの目線から語られていたと振り返る。

　この想像力と創造力をもとに、教科書にある言葉を拠り所にして作品世界を共有する。その上で作品世界に浸り、自分なりの思いをめぐらせながら自由に、そして夢中になって語り合う。そのような作品世界に遊ぶ子どもの姿を実現するためには、こちらが用意した学習課題にとどまることなく、子どもから発せられた話題や疑問に授業を委ね、受け止められるだけの教師の器量や教材研究力、ファシリテーション力が必要だ。それが私の考える「言葉の学びを子どもに委ねる」国語授業である。

参考・引用文献
・あまんきみこ、長崎伸仁、中洌正堯（2019）『あまんきみこと教科書作品を語らう』東洋館出版社
・桂聖、授業のユニバーサル研究会沖縄支部（2013）『教材に「しかけ」をつくる国語授業10の方法：文学アイデア50』東洋館出版社
＊1 桂聖「〈マイナス・プラス読み〉で読みを深める①〜②」『子どもと創る「国語の授業」No.78〜79』東洋館出版社（本誌は、2023年3月よりweb版へ移行）

「すがたをかえる大豆」

単 元 名	国分牧衛さんの「すがたをかえる大豆」を新聞記事にしよう
発　　行	光村図書／3年下

相模女子大学小学部　藤平剛士

「子どもと創る言葉の学び」を考える

「伝える力」＋「読み解く力」＝「新聞づくり」

　国語は、「言葉」の学習である。子どもの「言葉の力」を育む国語授業を目指したい。この「言葉の力」とは、「思考し、言葉を使いこなして伝える力」だと考えている。この力を付けることを目標に、私は、毎日様々なアプローチの授業で挑んでいる。そして、単元の1時間ぐらいは、授業後に「先生、今日の続きの授業はいつですか？」「黒板の写真を撮っておいてください」「やっぱり、考えを変えていいですか」と詰め寄ってくる子どももいる。しかし、授業中の子どもの多くは、伝えることに対して慎重で臆病である。授業を振り返ると、「数字を用いた授業」のときに、意欲的な子どもが多いことが分かった。

①数を問う（形式段落の数はいくつですか？・事例の数はいくつですか？）

②選択肢（問いの段落はどちらですか？・どの段落がもっと大切な段落ですか？）

③字数制限（段落の要旨を20字で書きましょう・要約文を100字以内で書きましょう）

　つまり、自分の考えをシンプルに視覚化できることが、「伝える力」を育むカギの一つだと考えられる。この「数字を用いた授業」では、「いくつですか？」「はい、五つです」で、完結ではない。大切なのは、理由と根拠である。そのためには、「読み解く力」が必要である。

　「説明文」における「読み解く力」を育む授業のねらいは、次の三つである。

①知ることの楽しさを感じながら読む。

②論理的な文章表現や構造から、筆者がどういう根拠で何を言っているのかを読む。

③学びと生活の文脈をつなげて読む。

　ここでは、「文章から内容を理解し、解釈することができる読み解く力」と、「自分の考えを読み解きやすい形で伝える力」を育むことが大切である。つまり、説明文の構造を読み取り、要旨を捉え、主張を読み解くまでがゴールなのではなく、読み解く力を活かして自分の思考を組み立てて、アウトプットすることを目指すのである。

　そこで、説明文教材で積極的に取り入れたいのが、「新聞づくり」である。「新聞づくり」には、字数制限や見出しづくりなど自分の考えを読み解きやすい形で「伝える力」とリードや記事づくりなど「読み解く力」の両方が必要である。さらに、図や写真、インタビュー記事やコラムなど、子どもたち一人ひとりのアイデア次第でつくり方は無限にある。また、一枚の新聞を書き上げたときの達成感は、読書感想文とは異なり、他教科との関連も広がりやすい言語活動である。この「新聞づくり」と「説明文」を組み合わせた学習が、子どもの「言葉の学び」を豊かにする授業になると考えている。

① 単元構想

1・育てたい資質・能力

〈知識及び技能〉
・比較や分類の仕方、辞書や事典の使い方を理解し使うことができる。……………（2）イ

〈思考力、判断力、表現力等〉
・自分の考えとそれを支える理由や事例との関係を明確にして、書き表し方を工夫することができる。……………………………………………………………… B（1）ウ
・段落相互の関係に着目しながら、考えとそれを支える理由や事例との関係などについて、叙述を基に捉えることができる。……………………………………… C（1）ア

〈学びに向かう力、人間性等〉
・積極的に説明される内容とそれを支える事例との関係などについて叙述を基に捉えたり、それらを明確にして書き表し方を工夫したりしようとし、学習の見通しをもって、文章の説明の工夫を見つけてそれを生かして書こうとしている。

2・単元の概要／教材の特性

　「すがたをかえる大豆」は、大豆が様々な工夫によって違う食品に変身することが書かれている。この変身の工夫は、「昔の人々のちえ」であるという筆者の考えでまとめられている。この内容を、「何種類の変身が書かれているか」「要点をまとめ、三部構成を捉える」「隠れた問いを考える」ことで、読み解いていく。

3・単元構成　全12時間

・は学習内容や活動、◎は指導上の留意点を示す

| 第一次 | 言語活動を設定し、「すがたをかえる大豆」を読み、全体像を捉える（第1・2時） |

・複数の食品に変身する食材を紹介する文章を書く活動に向けて読むことを確認する。
・「何種類の変身が書かれているか」に着目しながら、通読する。
◎通読から「変身」に着目して、第三次における「へんしん新聞」づくりの言語活動を設定するようにする。

| 第二次 | 「すがたをかえる大豆」を読み、要点を捉え三部構成を読む（第3〜8時） |

・第一次「変身の数」の解答のズレを解決しながら読み解いていくことを確認する。
・形式段落の要点から、「はじめ」「中」「おわり」の文章構成を確認する。
・「隠れた問い」は、何かを考える。
◎全8段落の要点によって、三部構造が視覚化されるように板書を工夫する。

| 第三次 | 「本の紹介新聞」を書く（第9〜12時） |

・国分牧衛さんの「すがたをかえる大豆」を新聞に書く。
・どんな見出しがよいかについて交流する。
◎記事の書き方を活用させ、「本の紹介新聞」については自由な発想を大切にする。

② 授業の具体 (単元の流れ)

1・伝える力と読み解く力(第一次・第二次)

　「すがたをかえる大豆」では、文章の全体から細部を読み解いていくことを目指す。そのために、文章全体を捉えるための課題「何種類の変身が書かれているか?」を設定し、思考のズレを明確化し、そこから生まれた「問い」を解決することで、文章を構造化して読み解いていく単元の流れである。

(1) 第一次　言語活動を設定し、「すがたをかえる大豆」を読み、全体像を捉える

〈第一次の目標〉

・課題「何種類の変身が書かれているか?」から、思考のズレを視覚化し、明確にする。
・「へんしん新聞」を書く言語活動を設定する。

〈授業の展開〉

①「すがたをかえる大豆」の題名読み

T:題名「すがたをかえる大豆」って、どういうこと?

C:すがたをかえるって、「変身」するっていうこと。

C:大豆は、いろいろな食べ物になっているって聞いたことがある。

②複数の食品に変身する食材を紹介する文章を書く活動に向けて読むことを確認する

C:先生、これも新聞に書けそう。

T:「こまを楽しむ」で書いた「あそび新聞」に次ぐ、「へんしん新聞」や「本の紹介新聞」を書いて、お家に届けましょう。

③「何種類の変身が書かれているか」に着目しながら、通読する

C:5種類です。

C:7種類です。

C:9種類です。

C:11種類です。

T:答えを考えながら、読み解いていきましょう。

　段落はいくつですか?

C:全部で形式段落は、八つです。

> **指導上の留意点**
>
> ・導入として「数を問う」発問をする。「何種類?」と「形式段落はいくつ?」の二つを通して、クラス全員参加の「伝える力」を保証する。
> ・「何種類?」は、教材を読み解くために貫く課題である。ホワイトボードに答えと名前マグネットを貼り残し、毎時間黒板掲示できるようにする。(毎授業後に変更可とする)

（2）第二次　「すがたをかえる大豆」を読み、要点を捉え三部構成を読む

〈第二次の目標〉

・第一次「変身の数」の解答のズレを解決しながら読み解いていくことを確認する。

・形式段落の要点から、「はじめ」「中」「おわり」の文章構成を確認する。

・「隠れた問い」は、何かを考える。

〈授業の展開〉

①「はじめ・中・おわり」の三部構成を考える

T：「すがたをかえる大豆」を三つに分けるとどうなる？

C：「はじめ」は1、2段落。

C：「中」が3～7段落。「おわり」は8段落。

C：つなぎ言葉を探すと分かった。

C：いいえ、「おわり」は、7と8段落です。

②段落の要点を探し、「段落の主語」を整理する

T：7段落からが「おわり」なのか、8段落からが「おわり」なのかを考えるために、形式段落の最も大切な一文を探してみてください。

C：1段落「大豆は～気づかれない」

　　2段落「昔から～食べるくふうをしてきた」

　　3段落「大豆をその形のままいったり～おいしくするくふう」

　　4段落「こなにひいて食べるくふう」

　　5段落「大豆に～食品にするくふう」

　　6段落「目に見えない～食品にするくふう」

　　7段落「とり入れる時期や育て方をくふう」

　　8段落「大豆のよいところに気づき～昔の人々のちえにおどろかされます」

T：見つけた形式段落の大切な一文の主語を考えてみよう。

C：1段落：「大豆」、2段落：「大豆」、3～7段落「くふう」、8段落「ちえ」。

C：分かったかも。やっぱり、「おわり」は8段落だけだよ。

③隠れた「問いの文」を考える

T：この説明文の特徴は、何でしたか？

C：問いの文がないこと。

C：でも、書いてないだけで、分かるよ。

C：大豆は、どんなふうにすがたを変えているでしょう。

C：「どんなくふうをしているでしょうか」の方がよいと思う。

C：3段落からの例は、くふうの例なので、くふうがいいよ。

④何種類の変身が書かれているかを考える

T：それでは、最後に、何種類の変身が書かれていましたか？

C：この説明文では、くふう＝変身だと思います。

C：そのまま、こな、栄養だけ、小さな生物の力、育て方の5種類。

C：だから、五つだと思います。

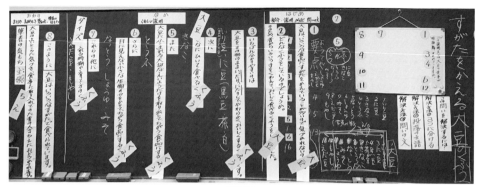

板書例

指導上の留意点

- 全8段落の要点によって、三部構造が視覚化されるように板書を工夫する。
- そのために、要点や接続語など、授業で読み解いてきたものを短冊に書き残していく。
- 種類や段落数、何文目など、数字を問うことで、子どもたちの「伝える力」を保証する。

2・読み解きやすい形で「伝える力」と説明文を記事にする「読み解く力」（第三次）

第三次では、読み解いてきた「すがたをかえる大豆」を、新聞記事に書き換えていく。そのために、課題「新聞記事にどう書くか？」を一斉授業で取り上げ、書き方を学習し、その方法を生かして、自分の新聞づくりに挑んでいく授業の流れである。

（1）「へんしん新聞」から「本の紹介新聞」づくりに

〈第三次の目標〉

- 読み解いた「すがたをかえる大豆」で記事の書き方を学ぶ。
- どんな見出しがよいかについて交流する。
- 学習した書き方を自分の新聞づくりに生かす。

〈授業の展開〉

- 見出しを考える

T：「すがたをかえる大豆」にふさわしい見出しはどうする？

C：そのまま、「すがたをかえる大豆とは？」がいいかなあ。

C：「変身する大豆の魅力」はどう？

C：「昔の人々のちえが大豆のすがたをかえた」っていうのはどう？

T：見出しづくりのポイントは、一文で記事の内容が分かることです。

C：それなら、「昔の人々のちえが大豆のすがたをかえた」がいいね。

（2）記事の書き方を学習し、自分の新聞づくりに挑戦する

T：それでは、記事を書いてみましょう。この新聞用紙だと、165文字で書くことになります。大切なのは、逆三角形の法則です。

C：1、2、8段落の三つの段落で書けそう。

C：文字数を考えると五つのくふうは書けない。

C：大事な言葉だけでもいいのかな？

T：そうですね。図や絵、写真を使うこともできるのが、新聞のよいところでしたよね。全部を、記事で書こうとしないことが大事ですね。

「へんしん新聞」作品例

指導上の留意点

・新聞記事の書き方を活用させ、本の紹介新聞については自由な発想を大切にする。
・新聞の特徴である図や写真、イラスト、インタビュー記事やコラムなど、子どもたち一人ひとりのアイデアで新聞は無限に作れることを確認する。
・子どもの特性に合わせて、文字数を調節できることを確認する。

③ まとめ

　「子どもと創る言葉の学び」は、子どもが自分の考えを「伝える」ことから始まる。数字を用いた問いを積極的に取り入れることは、クラス全員の参加意欲を高めることになる。しかし「どんな選択肢にするか」「何文字で書かせるか」という問いは、授業展開をイメージした教師主導の問いである。教師主導で始まった授業でも、子どもたちが前のめりになって理由や根拠を伝え合う姿は、十分に「子どもが創る言葉の学び」になっていると思う。ときには、先生が子どもと一緒に「どうしよう？」と悩むことがあってもよいと思う。それこそ「子どもと創る言葉の学び」である。

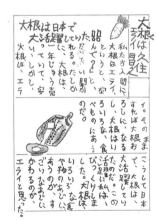

本の紹介新聞作品例
「たくさんのふしぎ傑作集」
（福音館書店）より

　「新聞づくり」は、学びのすべてが詰まっている。それは、子どもが毎日の学びで獲得した汎用的能力を駆使した言語活動だからである。他教科との関連も含めて積極的に取り組んでいきたい。

参考文献
白石範孝（2020）『白石範孝の「教材研究」教材分析と単元構想』東洋館出版社

「ごんぎつね」

単 元 名	語り継がれてきた「ごん」の魅力を探ろう
発　　行	光村図書、東京書籍、教育出版、学校図書／４年下

東京都・八王子市立第三小学校　沼田拓弥

「子どもと創る言葉の学び」を考える

〈文学教材〉一人ひとりの確固たる読みを創る授業デザイン

　文学の授業において、子どもと共に言葉の学びを創る上で大切にしたいことは、まずは一人の読者としての素直な読みを大切にすることである。そして、一人ひとりの解釈の違いを知ることによって、読みの交流の楽しさを味わえる場をつくることである。そのためには、「個々の学びを充実させること」と「他者との学びのバリエーションを多様にすること」が重要になる。

　さて、今回提案する「ごんぎつね」は、悲劇的なクライマックス場面が強烈な印象として読者に残る物語である。最終場面では、これまでごんの視点に寄り添って描かれていた語りから、兵十に寄り添って描かれる物語へと視点が変化する。そして、勘違いをした兵十がごんを撃ち、取り返しのつかない虚しさの中で物語の幕は下りてしまう。

　物語におけるごんの真実を知るのは兵十だけである。それを兵十以外の人物が知っているということは、兵十が誰かに語ったと推測できる。つまり、この「いたずらぎつね・ごんの真実」は、兵十をきっかけとして「村の茂平というおじいさん」に伝わり、語り手である「わたし」へと語り継がれているのだろう。

　では、なぜ「ごんの真実」は語り継がれることになったのだろうか。そこには、必ず語り継がれるだけの物語の魅力があったはずである。本提案では、この魅力を探ることをテーマに掲げ、じっくりと個の問いを探究することによって学びを深める。そして、他者との協働的な学びの場において、視野を広げることをねらった授業デザインに迫りたい。

①「問い」を共有し、個人で探究する学び

　上記の「語りの構造」と「視点の転換」をまずは全員で捉える場を設定する。その上で、一人ひとりの読みから生まれる「問い」を確認・共有する中で、学びの足場を固める単元の導入としたい。そして、問いの答えを自分なりの解釈と共に語ることのできる探究の充実を図る。

②物語の解釈を広げ、深めるための協働的な学び

　個の学びは、他者との交流を通してさらに深まりを見せる。おそらく個の探究の時間に行き詰まる子もたくさん出てくるであろう。しかし、それも大きな学びのチャンスである。「共通の問い」に対する解釈交流が次の「個の問い」を生み出すのである。このような「個の問いへの探究」と「他者との交流」のスパイラルによって物語の魅力に迫る。

① 単元構想

1・ 育てたい資質・能力

〈知識及び技能〉

・様子や行動、気持ちや性格を表す語句の量を増やし、言葉には性質や役割による語句の
まとまりがあることを理解し、語彙を豊かにしている。……………………………（1）オ

〈思考力、判断力、表現力等〉

・登場人物の気持ちの変化や性格、情景について、場面の移り変わりと結び付けて具体的
に想像している。…………………………………………………………………… C（1）エ

〈学びに向かう力、人間性等〉

・積極的に登場人物の気持ちの変化や性格、情景について、場面の移り変わりと結び付け
て具体的に想像し、学習の見通しをもって成果物を作ろうとしている。

2・ 単元の概要／教材の特性

　「ごんぎつね」は、1956 年より教科書に掲載され、誰もが知る定番教材である。長年に
わたって教科書に掲載され続けるのは、物語としての大きな魅力があるからだろう。

　最終場面では、これまでごんに寄り添っていた語り手の視点から、兵十の視点へと変化
する。また、物語の冒頭、語り手の「わたし」がごんの物語を知るには、兵十が誰かにこ
の出来事を話さなければ語り継がれることはなかったと推測できる。

　本単元では、「なぜ語り継がれることになったのか」を探究テーマに据え、「ごんぎつ
ね」の魅力に迫る単元を構成する。

3・ 単元構成　全 12 時間

・は学習内容や活動、◎は指導上の留意点を示す

第一次	語りの構造を捉え、「ごんぎつね」への問いを共有する（第 1・2 時）

・物語の視点の転換の確認と語り継がれてきた物語という構造を確認する。
・個の探究のために学級全体で「問い」を出し合い、整理する。
◎全員が個の探究に進めるように「構造と内容の把握」を丁寧に行い、思考を耕す。

第二次	個の探究と協働的な学びのサイクルによって、学びを深める（第 3〜8 時）

・「個の問い」をもち、ノートに探究した学びをまとめる。
・全員で話し合うことによって、物語の解釈を広げ、さらなる個の探究につなげる。
◎個の探究と協働的な学びのサイクルを繰り返すことで、子どもたちの思考を深める。

第三次	考えの形成と個に合わせた表現方法で学びの成果を伝え合う（第 9〜12 時）

・個の探究の成果（考えの形成）を自分に合った表現方法でまとめる。
◎表現方法を選択させ、個に合わせた形で学びの成果をまとめる。

② 具体的な授業プラン

1・語りの構造を捉え、「ごんぎつね」への問いを共有する（第一次）

　単元の導入では、まず一人の読者としてこの物語の世界にじっくりと浸りたい。そして、初めて「ごんぎつね」を読み終えた後の言葉にならない虚しさをクラスで共有する中で、ごんと兵十のすれ違う思いやごんを撃ってしまった後の兵十についても確認しつつ、徐々に「語りの構造」へと気付かせていく。

　子どもたちにシンプルに問うのであれば、「兵十は、ごんを撃ってしまった出来事を誰かに語っただろうか」となるだろう。この出来事は、兵十の人生において衝撃的な事件であったに違いない。それは、唯一の家族である母を失ったときと同じくらいのインパクトがあっただろう。そして、本来であれば真っ先に話を聞いてもらえる存在である母はこのとき、すでに亡くなっていた。ごんと同じように独りぼっちの兵十は、誰にこの出来事を語ったのか。おそらく、以前、ごんのつぐないを「神様のしわざ」として語り合った加助に違いない。兵十がどのように伝えたのか、そして真実を知った加助はどのような反応をしたのか、子どもたちとイメージを共有したい部分である。

　ここから先は、うわさ話として村人に話が広がる段階である。加助から吉兵衛、弥助のおかみさんなどの名前しか登場しない村人へと伝わったはずだ。村人にとって、ごんは数々のいたずらを繰り返してきた憎き存在である。そんなごんの意外な真実を知り、瞬く間に「あのごんぎつねが……」とうわさ話が広がったに違いない。そして、その話は、茂平に伝わるのである。この物語は冒頭、「これは、わたしが小さいときに、村の茂平というおじいさんから聞いたお話です。」という語り手の一言から始まる。この物語は、「あるところにごんぎつねという小ぎつねがいたそうだ。」という昔語りから始まったとしてもストーリーとしては成立するだろう。しかし、あえて「茂平というおじいさん」という存在、そして、語り手である「わたし」も小さい時に聞いたという細かな設定を出すことによって、「ごんぎつね」が「語り継がれてきた物語」として、隠れた魅力を抱いているということを暗示しているのではないだろうか。この魅力とは、一体何だったのか。単元の学びの動機付けとして十分に活用したい部分である。

　第一次では、この「語りの構造」や「視点の転換」について、板書を通して整理した後、疑問に思うことや探究したい問いについ

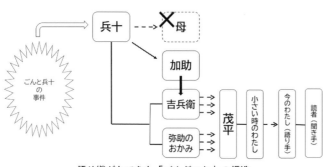

語り継がれてきた「ごんぎつね」の構造

て話し合う場をもつ。この学びの土壌の耕しを十分に行うことが、単元全体の学びの質を決定付けることにつながる。子どもたちから生まれるであろう「個の問い」は、以下のようなものが期待できるだろう。

・兵十は、加助にどのようにこの事件を語ったのだろう。
・くりやまつたけの真実を知った兵十は何を思ったのだろう。
・村人はどのように反応し、ごんの物語を広げていったのだろう。
・この物語の最初と最後では何が変わったのだろう。
・ごんを撃ってしまった瞬間、兵十は何を思ったのだろう。
・作者はなぜ、最終場面で視点をごんから兵十に移したのだろう。

2・個の探究と協働的な学びによる思考の拡大を行う （第二次）

　第二次は、「個の探究」と「協働的な学び」のサイクルを繰り返すことで学びの深化を促す。単にその場を設定すれば、学びが深まっていくというわけではない。場の設定と共に、この車の両輪ともいえる二つを効果的に駆動させなければならない。

　まず、「個の問い」の探究は、「いかに思考を広げることができるか」が鍵を握っている。この広がりがなければ、他者との交流の場を設定したとしても何も語ることはできないからである。一人ひとりの考えを確固たるものにしてこそ、交流に価値が生まれる。

　例えば、第二次は最初に2時間の「個の問い」に対する探究の時間をもつ。ノートに自分の選択した問いを書き、それに対する自分の考えをメモする。この時点では、しっかりとした文章になっていなくてもよい。大切なのは、短い単語や文でいいのでノート上で言葉をつなぐことである。思考ツールのマッピングなどを活用してもよいだろう。

　そして、第二次では、「個の探究」に合わせて以下のように、学級で話し合うことによって他者と学びを深める場をもつ。学級では、どうしても個の時間だけだと、行き詰まってしまう子がいるはずである。そんな子も学級で話し合う時間をきっかけに、改めて自分の問いを見つめ直し、視野を広げる時間として活用してほしい。

　以下に提示する学習課題は一例である。学級の子どもたちの問いの実態に合わせて、デザインすることで学びのサイクルは成立する。

・「ごんぎつね」はどんな小ぎつねなのだろう？（人物像）
・「ごんぎつね」はみんなの知っている物語のきつねとどんな違いがある？（人物像）
・ごんと兵十、あなたはどちらの視点に寄り添ってこの物語を読みたい？（視点）
・会話文や行動以外に登場人物の気持ちが表現されている部分はいくつ？（情景描写）
・ごんが最後に一言だけ、兵十に言葉を伝えたとすればなんと言っただろう？（心情）

「個の探究」の時間を十分に取ることができた後にこれらのテーマで話し合い活動をもつ。「個の探究」→「協働的な学び」→「個の探究」→「協働的な学び」……とサイクルを回す授業をデザインすることで、子どもたちは個人の活動だけでは獲得できない視野を広げていく。「協働的な学び」の場は、学級全体で話し合う形態だけでなく、個人の探究テーマが似ているものたちをグルーピングして、解決へと向かわせる形をとってもよい。大切なことは、他者の考え方にふれ、自分とのズレがあることに気付き、その理由を論理の中で語り合いながら交流できることだ。

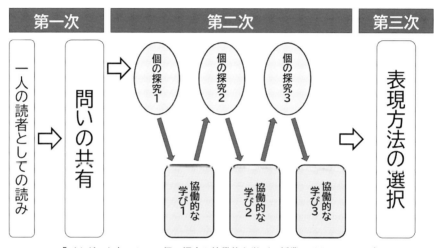

「ごんぎつね」における個の探究と協働的な学びの授業サイクルイメージ

　協働的な学びにおいて、学習課題に「ごんと兵十、あなたはどちらの視点に寄り添ってこの物語を読みたい？」を扱ったとすれば以下のような対話が教室で生まれるだろう。

T：みんなは、「ごんぎつね」を読むときに、ごんと兵十のどちらの視点でこの物語を読みたいですか？
C：私は、ごんです。やっぱり、兵十へのつぐないを行うごんの気持を知りたいから。
C：私も、ごんです。教科書には書かれていないごんの気持ちを想像しながら読んでいくと、イメージも広がって面白いです。
T：やはり、ごん派の人が多いですね。兵十派の人はいますか？
C：私は、兵十です。どうしてごんのつぐないに気付いてあげないんだというハラハラ感があります。でも、兵十はそこには気付かずに最終場面までいくわけなので、おっかあが死んで、ごんと同じ独りぼっちになってしまってからの様子とか、いろいろ想像してみたいと思いました。
C：私も兵十です。おっかあが亡くなった悲しみとか加助とのやり取りの部分とか、日記にして書いてまとめたりしても面白そうだと思いました。個の問いの探究でやってみようと思います。

3・自分の思考をアウトプットするのにぴったりな表現活動を選択する（第三次）

　個の学びは表現活動に開いてこそ、蓄積される。第二次で探究してきた学びの質と量を整理し、意識的に自分以外の他者へと伝える言葉に変換するとき、子どもたちの言葉はより輝きを放つ。「自分の学びを知ってほしい」「自分が考えてきたことを伝えたい」「実はあの授業のとき、こんなことを考えていた」といった「内なる子どもたちの声」をきちんと表現させる場をつくることが大切である。

　子どもたちは、4年生のこの段階までに様々な表現活動を経験している。ポスターや読書カード、新聞やリーフレット、本の帯や読書感想文など、自分の伝えたいことを効果的に表現できる方法を学んできている。本単元では、これらの表現方法の中から「ごんぎつね」の魅力を最も伝えられると判断したものを選択し、活動を行う。その際、第二次までに書き溜めてきた「個の問い」の軌跡を十分に参考にさせたい。自分の学びの軌跡を改めて読み直しながら、印を付けるなどのマーキング活動を行い、第三次の活動に進むと言葉はより洗練される。

　また、第三次の活動が始まってからも他者との交流の場を大切にしたい。個の活動が始まると終始、一人の活動になりがちだが、表現活動の途中に「他者の表現（思考）プロセス」を目にすることができると子どもたちは自分の活動に修正を入れることができる。特に表現が苦手な子にとっては、自分の作品にみがきをかける貴重なチャンスとなる。学びは子どもたちに委ねながらも、適切な支援はしっかりと心がけることが重要になる。すべての子が安心して表現できる場を創るための授業のデザインを考えたい。

③ まとめ

　今回、提案した授業プランは、あえて具体的な活動形態や展開を示していない部分もある。例えば、「第一次の個の問いを出し合い、話し合う活動」や「考えの形成後の作品を見合う活動」などがそれにあたる。これには、この授業プランを読んでくださっている先生方の目の前にいる子どもたちに合わせて、授業をデザインしてほしいという私の願いが込められている。子どもが変われば授業も変わる。まさに「子どもと創る言葉の学び」である。ぜひ、先生方の目の前の子どもたちにぴったりの活動を選択し、今回の授業デザインのエッセンスを一つでも活用いただけたら幸いである。

　この授業プランのように、子どもたちの学びにも「余白」が必要である。完全に決められた道を歩かせるのではなく、自分で悩みながらも選択し、挑戦する中に本当の学びの価値は生まれる。成功しても、失敗しても、そのプロセスにこそ価値がある。子どもたち一人ひとりの可能性をいかに引き出し、伸ばすことができるか。ここにこそ、教師の最大の使命があるだろう。「個々の学びを充実させること」そして「他者との学びのバリエーションを多様にすること」を経験した子どもたちが、今後もさらに物語の世界を楽しむ人生を歩んでくれることを願ってやまない。

「一つの花」

単 元 名	場面の様子をくらべて読み、感想を伝え合おう
発　　行	光村図書／４年上

立川市立新生小学校　石原厚志

「子どもと創る言葉の学び」を考える

〈文学教材〉「学習者と授業者、双方の願いを叶える」授業づくり

　文学の授業において、学級の子どもたちの願いは様々である。「登場人物の気持ちの変化について考えたい」「題名に込められた作者の思いについて考えたい」など、学習を通して考えたいことも異なれば、「一人で考えてみたい」「友達と話し合いながら進めたい」など、学習形態への要望も異なる。しかし、子どもが望むことならなんでもよいというわけではない。教師が学ばせたいこと、身に付けさせたい力も大切な柱として存在する。教師は、十人十色ともいえる学習者の願いを叶え、自らの思いも大切にした授業をすることができるのだろうか。答えは「Yes」であるべきだ。教師が子どもたちに学びを委ね、「個別最適な学び」と「協働的な学び」を充実させる授業改善は、子どもが自分の特性に応じて、学びのスタイルを創ることへとつながる。本稿を通して、そのような授業づくりを実現させるための工夫を紹介したい。

①「個別最適な学び」の充実　～大きな問いに向かうアプローチの選択～

　学習者が、自分の学びのスタイルを創るために、教師主導の課題設定や話し合い活動よりも、子どもが自分で考えたり、選択したりできる場面を可能な限り増やしたい。単元全体を通して考えると「読みの課題（何について考えたいか）」「学習形態（どのように学習を進めたいか）」「表現活動（学んだことをどのような形で表すか）」という選択は子どもに委ねたい部分である。そのために求められるのが教師のファシリテーターとしての役割である。具体的には第二次における子どもたちの学びが、大きな問いの解決に向かって進められるように、物語の時代背景や作品の設定を捉えさせたり、学習課題の枠組みを意識させたりすることである。その上で初発の感想を書かせ、「授業を通して考えたいことは何か」を考えさせることで、候補となる学習課題もある程度焦点化される。

②「協働的な学び」の充実　～異質な他者と出会う「交流タイム」の設定～

　学習形態が選択できることで、一人で学習を進める子どももいれば、ペアやグループで話し合いながら活動する子どももいるだろう。そこで必要になるのは子どもが互いに「異なる考え方」や「新たな見方」に出会う時間である。それぞれの学習課題が異なっていたとしても、学習の過程で出た考えは、互いにとって新たな刺激となり、思考を活性化させ、自分の考えの再構成に生かされるであろう。教室で学ぶことの意義はそこにある。学習を振り返り、「何が分かるようになったのか」「自分の考えがどのように変容したのか」を知り、自らの学びをメタ認知するという意味でも、この「交流タイム」は有意義なものとなる。

① 単元構想

1・育てたい資質・能力

〈知識及び技能〉

・様子や行動、気持ちや性格を表す語句の量を増し、語彙を豊かにすることができる。
……………………………………………………………………………………………… (1)オ

〈思考力、判断力、表現力等〉

・登場人物の気持ちの変化や性格、情景について、場面の移り変わりと結び付けて具体的
　に想像することができる。………………………………………………………… C(1)エ

・文章を読んで理解したことに基づいて、感想や考えをもつことができる。…… C(1)オ

〈学びに向かう力、人間性等〉

・言葉がもつよさに気付くとともに、幅広く読書をし、国語を大切にして、思いや考えを
　伝え合おうとする。

2・単元の概要／教材の特性

　「一つの花」は三人称客観視点で書かれている物語である。どの登場人物の気持ちも直接的には語られておらず、読者は会話文や行動描写などの叙述から、気持ちを推察することになる。

　題名にもある「一つの」という言葉や、物語の前半に何度も出てくる「一つだけ」というキーワードは、最後の場面（戦争後）には一度も使われていない。「戦争中」と「戦争後」の場面を結び付けたり、対比したりして読むことで、父母のゆみ子に対する思いを読み取ったり、一つの花が象徴するものについて考えたりすることができるだろう。

3・単元計画　全7時間

・は学習内容や活動、◎は指導上の留意点を示す

第一次	作品のおおまかな内容をつかむ（第1・2時）

・本文の範読を聞く（絵本）。

・作品の設定を捉える（時、場所、出来事）。

・初発の感想を書く。

◎戦争が激しかったころの人々の生活の様子について、自分なりの方法で調べさせておく。

第二次	登場人物の気持ちの変化や性格、情景について具体的に想像する（第3～6時）

・初発の感想から学習課題を分類、整理し、学習の見通しをもつ。

・各自が設定（選択）した学習課題について考える。

◎学習課題やペア、グループの編成については、教師が事前に把握、調整しておく。

・交流タイムを通して、自らの考えの変容を整理する。

第三次	感想を伝え合う（第7時）

・各自が選択した方法で感想や考えを伝え合う（座談会（話す）、感想新聞（書く）など）。

② 授業づくりの工夫

1・子どもの学びの文脈に沿った学習課題の設定 〈学習課題の土台づくり〉

子どもたちは、第一次の最後の時間に初発の感想を書いている。項目は次の三つである。

> ①「この物語は悲しい話？幸せな話？」（「分からない」も含めた３択）
> ②そのように考える理由
> ③物語を読んで、よく分からないところや疑問に思うところ

おそらく、項目①での子どもたちの意見は「分からない」も含めて大きく分かれるだろう。その読後感の違い（ズレ）こそが、単元を通して考える大きな問い（学習課題の土台）となり、その先の各自の学習課題へとつながっていくことになる。項目②で想定される理由は以下の通りである。

（悲しい話）
・戦争で、町がやかれたり、こわされたりするから。
・食べ物がなくて、ゆみ子がいつもおなかを空かせているから。
・お父さんが戦争に行って、帰ってこないから。

（幸せな話）
・お父さんとお母さんがゆみ子にやさしいから。
・戦争が終わって、ゆみ子の家にコスモスがたくさん咲いているから。
・最後にゆみ子が幸せになっているから。

どちらも納得のいく理由だからこそ、子どもたちの考えも互いにゆさぶられるだろう。ここで特に大切にしたいのは、「分からない」という立場をとる子どもたちの存在とその理由である。おそらく、その中には「悲しさの中にある幸せ」と「幸せの中にある悲しさ」という、この物語に秘められた背中合わせの二面性に無自覚ながらも気付いている子もいるだろう。単元の学習が終わったときに、この二面性からくる「物語の切なさ」を自覚的に読み、感想を話したり、書いたりする力を身に付けさせたい。

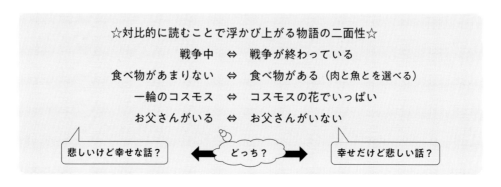

☆対比的に読むことで浮かび上がる物語の二面性☆

戦争中	⇔	戦争が終わっている
食べ物があまりない	⇔	食べ物がある（肉と魚とを選べる）
一輪のコスモス	⇔	コスモスの花でいっぱい
お父さんがいる	⇔	お父さんがいない

悲しいけど幸せな話？　←　どっち？　→　幸せだけど悲しい話？

2・大きな問いを解決するための学習課題の設定
　　　〈小さな問い〉

　初発の感想の項目③で挙げられる事柄もまた、子どもたちが授業を通して「知りたい」「考えたい」と願うものであろう。内容としては以下のようなものが想定される。

（登場人物の行動や気持ちに関するもの）
・どうしてお父さんはゆみ子をめちゃくちゃに高い高いするのか。
・どうしてお父さんはゆみ子にコスモスの花をあげたのか。
・どうしてお父さんは何も言わずに、汽車に乗って行ってしまったのか。
・どうしてお母さんはおにぎりを全部ゆみ子にあげてしまったのか。
・お父さんは、何も言わなかったのか、何も言えなかったのか。（★）

（登場人物の気持ちの変化に関するもの）
・お父さんはどんな気持ちで戦争に行ったのか。（★）

（場面の様子に関するもの）
・ゆみ子の家にさいているコスモスはお父さんがくれたコスモスなのか。
・お父さんは死んでしまったのか。

（題名に関するもの）
・どうして題名は「一つだけの花」ではないのか。
・題名の「一つの花」は何を表しているのか。（★）

　「どうして食べ物がないのか」「どうしてお父さんも戦争に行かなくてはいけなかったのか」「どうして戦争に行く人はばんざいをしているのか」という、戦争中の人々の生活に関するような内容については、第一次の作品の設定を捉える時間や、各自の調べ学習を通して理解しておくと、初発の感想を書く段階ではあまり出てこない。つまり、子どもたちから出される学習課題の多くは、大きな問いの土俵に乗るようなものとなる。子どもの学びの文脈にある程度の幅をもたせ、本筋から大きく外れないようにすることは教師のファシリテーションの一つとして必要であろう。

　課題設定（選択）の際には、子どもたちから挙げられたもの以外に、教師が考えさせたい課題（★）を選択肢に加えてもよいだろう。自分で考えた課題ではなく、第三者から提示されたものでも、学習者自身が「この課題について考えれば何か分かるかもしれない」「これを友達と話し合ってみたい」と思って選んだものであれば、それは学習者自身の課題になる。子どもたちは、学習課題を共有した上で、「大きな問い」の答えを見つけるために、解決すべき小さな課題を設定する。課題グループは大きく分けて次の三つとなる。

---

①お父さん（お母さん）の行動にかくされている気持ちについて考える。
②場面の移り変わりとともに変化しているものについて考える。
③題名「一つの花」にこめられている作者の思いについて考える。

---

③ 授業の実際　（第二次第4～6時）

1・本時の目標

◎場面を比べて読むことを通して、コスモス（一つの花）が象徴するものについて
考え、解釈したことを自分の言葉で表現することができる

　学習者は、各時間、3つの課題グループの中から一つを決め（前時終了時にあらかじめ、
決めておく）、その中の課題について考える。同じグループの中の課題であれば、複数を選
択することも認めたい。なぜなら、複数の学習課題を比べて考えることで見えてくる見方
や考え方があるからである。また、同じ時間に、異なる課題グループの課題に取り組む子
どもがいることも、互いの考えに新たな見方や考え方を与えることになるだろう。

2・本時の展開

(1) 個人（ペア・グループ）タイムで、まず自分の考えをもつ（5分）

　学習形態についても、事前に希望をとっておき、教師が調整しておく。グループの場
合、人数は3～4人とする。また、「先生と一緒に」という選択を用意してもよい。教室
内は同じ課題グループごとに座席を近づけておくと、相談や意見交換がしやすくなる。

(2) 共有タイムで困っていることを共有する（学級全体で10分）

　課題や課題グループを越えて、困っていることを共有することで、課題について新たな
視点をもてるようにする。場合によっては教師による「ゆさぶり発問」も取り入れる。

(3) 再び個人（ペア・グループ）タイムで、自分の考えを再構成する（20分）

(4) 共有タイムで、本時を通して得た新たな見方や考え方を共有する（5分）

(5) 振り返りタイムで自らの学びをメタ認知する（5分）

　大きな問いに対する自らの考えの変容（考えの深まりや変化）をまとめる。また、
　次の時間に取り組みたい課題について考え、決定する。

指導上の留意点

個人（ペア・グループ）タイムでは、学級のすべての子どもが、誰でも学び合いに参加
し、本時のねらいに向かっていくために、思考ツールを活用する。それぞれの課題解
決に合わせた、複数の思考ツール（ベン図、ウェビングマップ、二次元表、座標軸、ピラ
ミッドチャート、クラゲチャート、ボックスチャートなど）を用意し、子どもが活用できる
ようにしておきたい。

④ 授業の実際　（第三次第7時）

1・本時の目標

◎座談会や新聞づくりを通して、互いの考え方や感じ方の違いを見つけ、伝え合うことができる。

　単元を通しての、自らの考えの変容を捉えるために、初発の感想と同じ項目（①、②）を書かせた後、感想を「口頭で伝える」、「書いて伝える」というように、子どもの実態に合わせて活動を選べるようにする。

2・本時の展開

【座談会形式】

小グループ（3〜4人）で、大きな問いに対する、自分の考えを中心に交流を進める。

【感想新聞形式】

大きな問いに対する自分の考えを中心に新聞にする。

（その他の項目の例：「登場人物へのメッセージ」「作者へのメッセージ」「いちばん心に残った『一つだけ』」「題名にこめられた思い」など）

　単元のはじめに、どちらかの方法で感想を伝え合う活動を実施することを明示しておく。また、第二次の学習で課題を通して読み深めるごとに、その時間の自分の考えや、考えが変わったところを整理させておくとよいだろう。

⑤ まとめ

　「子どもたちが、自ら学びを創っていく授業」をイメージして、本稿の提案をさせていただいた。子どもに学びを委ねるには、勇気が必要な部分もある。しかし、私たちは日々の授業を通して「信じて任せられる子ども」を育てていかなければならないのではないだろうか。

　そして、子どもに学びを委ねるために忘れてはならないのが教師の下準備だ。周到な教材研究と教材の用意（ゆるぎない土台づくり）がされていればこそ、私たちは自らをも信じて、子どもに学びを委ね、「子どもと創る言葉の学び」を進めることができるのではないだろうか。

「ウナギのなぞを追って」

単 元 名	きょうみをもったことを中心に、しょうかいしよう
発　　行	光村図書／4年下

南山大学附属小学校　山本真司

「子どもと創る言葉の学び」を考える

子どもだけでは進められないところはどこか？

　国語授業の中で完結する授業ではなく、子どもが日常生活でも生かせる言葉の力を培っていきたい。そう考えると、一つひとつの教師の指示に応えていく学びではなく、子どもが自分の力で課題を捉え、情報を整理し、試行錯誤しながら表現していく展開をまずは想定したいところである。

　とはいえ、特に国語を苦手とする子にとっては、何をどう進めていけばよいのか分からなくなることが予想できる。例えば、最終的にどんな言語表現を目指すのか見通しがもてない、書かれている内容を整理できないといったことが起きるだろう。

　目の前の子どもの実態に応じて、子どもだけでは進められないところはどこかを見極めたり、「どうしよう？」「できそう？」と子どもに尋ねたりしながら必要な手だてを講じていくことで、子どもに寄り添った言葉の学びを創っていくことができる。

1　多様な追究の方向性を生かして（学習の個性化）

　教科書の単元名は「きょうみをもったことを中心に、しょうかいしよう」である。単に段落ごとの要点を捉えてまとめるのではなく、個々の読み手の興味に応じてまとめるところがポイントである。そこで子どもが興味をもったところを出し合いながら、個々のテーマの方向性を「ウナギの産卵場所」「ウナギの生態」「人の努力」「調査の仕方」「表現の工夫」の五つに広げ、定めた。

　どこかにある正解を目指すのではなく、自分の興味に従うことで、学びを「自分ごと」として捉えることができるのが大きい。また、同じ文章を題材としても人によって多様な捉え方があることを実感することができるだろうと考えた。

2　一人ひとりが必要に応じて協働的に学ぶ場（指導の個別化）

　第二次からは、一人ひとりが自分のテーマに沿って進めていくが、必要に応じて友達に相談したり、読んでもらったりしてもよいことにしている。関わるのは、自分と別テーマで進めている同じグループの子でもよいし、自分と同じテーマで進めている子でもよい。多様な視点にふれることも学びであるし、自分だけでは気付かない間違いを指摘してもらうのも学びである。他者の存在によってより豊かに学べることを知ることも、学校の大切な役割であると考える。

① 単元構想

1・育てたい資質・能力

〈知識及び技能〉

・考えとそれを支える理由や事例、全体と中心など情報と情報との関係について理解することができる。 ……………………………………………………………… (2)ア

〈思考力、判断力、表現力等〉

・目的を意識して、中心となる語や文を見付けて要約することができる。……… C(1)ウ

・文章を読んで感じたことや考えたことを共有し、一人ひとりの感じ方などに違いがあることに気付くことができる。 ……………………………………………… C(1)カ

〈学びに向かう力、人間性等〉

・進んで文章を読んで自分の興味に関わる語や文を見つけたり、自分から仲間に声をかけたりしながら紹介文を完成させようとする。

2・単元の概要／教材の特性

　2学期の「世界にほこる和紙」では、文章全体から中心となる語や文を取り出して要約する学習を経験している。本単元では、単に要約するのではなく、「興味をもったところを中心に」一人ひとりが各々の目的に応じて要約していく学習となっている。

　また、ウナギの産卵場所を追究している内容であり、生命の不思議や調査の進め方などその内容や書きぶりから学ぶことも多いだろう。子どもが好奇心をもって意欲的に読み進めていけるよう構想していきたい。

3　単元構成　全9時間

・は学習内容や活動、◎は指導上の留意点を示す

第一次	文章全体を把握し、紹介文づくりにおける自分のテーマを決める（第1〜3時）

・本文を音読し、段落ごとに短い言葉でまとめる。

・個々の興味に応じて自分のテーマを決める。

◎学習の土台づくりとして一人ひとりが教材の全体像を把握できるように支える。

第二次	自分のテーマに沿って必要な叙述を見つけ、整理し、紹介文を書く（第4〜8時）

・自分のテーマに沿った叙述に線を引き、クラゲチャートに整理する。

・クラゲチャートをもとに、紹介文を書く。

◎子どもたちが必要に応じて、グループ内、同じテーマの子同士で書く内容や書き方を相談したり、書いたものをチェックし合ったりしながら進めていくようにする。

第三次	完成した紹介文を互いに読み合い、学習を振り返る（第9時）

・完成した紹介文を互いに読み合い、一人ひとりの感じ方の違いに気付く。

◎言葉の力としての学び、協働的に進めたことの学びを実感できるようにする。

② 授業の実際

第一次　一人ひとりが自走できる「見通し」と「土台」づくり

「何を、どこまで、子どもに委ねるか」いつも悩まされるところである。ゴールだけ示したときにどうなるか。何人かの子は自分なりに進めていけるだろう。しかし、何をどうするのか見通しがもてなかったり、本文を読み通すことさえできなかったりする子もいるだろう。まずは、全員に学習の見通しと土台をつくるようにしたい。

（1）単元で目指すゴールを確かめる

本単元のゴール「興味をもったところを中心に紹介する」ことのよさを実感できるように、2学期単元「伝統工芸のよさを伝えよう」で子どもが書いた紹介文を提示した。

同じ題材を扱っても、書き手の興味のもち方によって内容に違いが生まれる面白さを感じられるようにした。

同じ題材でも切り取った内容が異なる紹介文

また、紹介文に求める条件となる「評価規準」も示した。完成に至るまでの自己評価の観点として事前に押さえておきたい。読み手は本文を未読の第三者を想定することとした。

- まとめ（はじめ・おわり）と具体例（中）の関係がつながっている。
- 文と文、語と語がつながっている
- 文章を読んでいない人が「なるほど」と納得できる内容
- 200字～500字

（2）音読練習

子どもに学習を委ねると、単元のゴールに意識の向く子どもにとって何度も音読する必要感は生まれない。しかし、読むことを苦手とする子は、すらすらと音読することにつまずいていることが多い。そこで、時間を計ってグループで交代読みをするなど何度も音読練習に取り組ませた。もちろん音読によって本文の内容を頭に取り込むことは、この後の読み取りの土台にもなる。

（3）本文全体の概要をつかむ

話の内容を段落ごとに短くまとめて、「はじめ・中・おわり」に分けた。一人ひとりが本文の内容を理解しようとしながら読むことをねらっている。

形式段落ごとに内容を短い言葉でまとめる

（4）興味をもったことを出し合う

　「興味をもったところを中心にまとめ
よう」と投げかけるだけだと、子ども
の目的意識は漠然としたものになりが
ちである。そこで、子どもが興味をもっ
たことを出し合い、その方向性によっ
て五つに分類した。各々が多様な方向
性で追究することで、文章から学べる
内容が広がる。

```
・ウナギの産卵場所を追い求める      易
・ウナギの生態のふしぎが学べる      ↑
・調査する人の努力が感じられる      │
・文章表現の上手さを感じられる      ↓
・研究、調査の仕方が学べる        難
```

追及の方向性を五つに分類

第二次　一人ひとりが、協働的に進める紹介文づくり

　いよいよ個々に紹介文の完成を目指していく。しかし、ここでも何をどうすればよいの
か分からずに困る子もいれば、進めるエネルギーが湧かない子もいるだろう。

　ただ、一人で進められなくても、仲間がいれば心強い。グループで相談したり、手助け
したりしながら協働的に進めていく。また、教室を立ち歩いて声をかけてもよいことにし
ている。交流の自由度を高めることで、グループの子に相談するのか、近いテーマの子に
相談するのか、もしくは一人で進めるのか、個々にとって最適な学び方、協働の仕方で進
めていくことができる。

（1）自分のテーマ（興味をもったところ）を決める

　前時の最後〔第一次(4)〕で、大きく五つのテーマの方向性を確かめた。その中から、
自分のテーマを決める。グループ（4、5名）の中で、できればテーマが重ならないようにす
る。グループ内で協働しながら多様な考えにふれやすくするためである（ジグソー法の発想）。

（2）テーマにつながる文や言葉に線を引く

　例えば、「レプトセファルスは、とう
めいで、やなぎの葉のような形をしてい
ます。」という文は、「ウナギの生態」を
紹介する子にとっては線を引く重要な文
になる。しかし、「あきらめない気持ち」
がテーマであれば重要ではない。

　個々が自分の目的に応じて、重要な文
や言葉を選び、判断することは、本単元
の中心となる学びである。

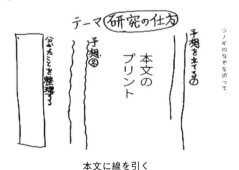

本文に線を引く

（3）図に整理する

本文に線を引くだけでは、言葉の選び方や言葉とテーマの関係が曖昧なままであることも多い。

そこで、文章化する前段階として図に整理するようにした。図を友達と見比べたり、説明し合ったりすることを通して、どの言葉をどのように取り上げるとよいのかが明確になっていく。

クラゲチャートに整理する

（4）紹介文を完成させる

書く内容や順序について定まったところで文章化していく。ここでも、どのように文にしていくとよいのか困っている子は、友達に相談しながら進めていった。

また、自力で書き上げた子は、先述した「評価規準」に照らして読み直したり、友達に読んでもらったりする。自分の紹介文が完成した子は、困っている子のサポートをする。

ウナギの産卵場所を追い求めて

「ウナギのなぞを追って」は、ウナギの産卵場所を探す話です。そこで今からウナギの産卵場所について最初より小さなレプトセファルスを追い求める調査から大きな海山の連なりが関係している事がわかりました。

その後、生まれて間もないレプトセファルスはフロントという塩分の濃さが異なる海水の境目のすぐ南で取れていたため塚本さんたちはフロントと海山が交わる地点に着目しました。

そして調査を進めていくとうなぎの卵が発見されました。

このように、『ウナギのなぞを追って』はウナギの産卵場所が分かる話です。ウナギは日本中で取れるから日本で卵を産むと思っていたので知れてよかったです。

「ウナギの産卵場所」をテーマにした紹介文の例

第三次　紹介文を読み合う

書いている途中の読み合いでは、直した方がよいところなどを指摘し合う厳しさも求めたが、完成した文章を読み合う際には、互いに「書いてよかった」と思えるような温かなコメントをするように呼びかけた。大別すると五つの方向性の紹介文が完成した。仮に、これらのすべての内容を一斉指導の読み取りで取り上げるとしたら、時間がかかるだけでなく、話題が多岐に広がり、散漫になってしまうだろう。

次頁右上の「研究の仕方」をテーマにした内容は、調査した「内容」ではなく、「方法」を読む対象にしている点で、難易度が高い。そこまでのことを読み取る発達段階にない子

ウナギが生まれる日と生まれる場所

「ウナギの謎を追って」は、ウナギの生態について調査した話です。その中で、ウナギの生態についてよく分かるところがあったので三つ紹介します。

一つ目は、ウナギの赤ちゃんであるレプトセファルスには、木の年輪に似た一本ずつふえる輪があるということです。これを利用すれば、いつ生まれたのか分かります。

二つ目は、新月の日に合わせて産んでいるということが分かりました。これは、先ほどの輪が交わるところで産んでいるということで分かりました。毎日目の細かいあみを使って海の生き物を集める作業を繰り返す事で分かりました。

三つ目は、卵をフロントと海山の連なりが交わるところで計算する事が出来ました。

このように、ウナギの生態がよく分かる話です。ぜひ、読んでみてください。

「ウナギの生態」をテーマにした紹介文の例

努力の大切さ

「ウナギのなぞを追って」は、調査隊や塚本さんの努力が伝わる話です。

一つ目は、調査隊の努力が分かることです。ウナギのいる場所まで、突き止めるまで、八十年もの年月がたったのです。

二つ目は、塚本さんが調査に加わった時からの努力が伝わることです。塚本さんが調査に加わった時から三十六年もの年月がたったのです。

三つ目は、作業をくり返す努力についてです。レプトセファルスを見つけるために、目の細かいあみで、小さい、レプトセファルス見つける作業を、くり返していかないといけない。

このように、何回も努力を積み重ねることでみちびき出すことができるのです。何回も努力することが大切な話です。

「人の努力」をテーマにした紹介文の例

色々な表現の方法がわかる話

「ウナギのなぞを追って」は、色々な表現の使われ方がされている話です。

まず、「鮮やかな群青色の海は、白い船体を青く染めてしまいそうです。」と書いてあります。海がとても綺麗ですがしたいことを強調したいことがわかります。

また、「船の研究室のモニターに映し出されている卵は、虹色に輝いていました。」とあります。写真を見ると、卵は虹色には輝いてはいませんが、八十年の年月をかけて見つけ出した努力の結晶のことなのかな、と考えました。

このように、表現が豊かで国語についてよく学べる話なので、ぜひ読んでみてよく学べる話です。

「表現のよさ」をテーマにした紹介文の例

研究のコツ

「ウナギのなぞを追って」は、調査や研究をするときのコツがわかる話です。今からそのコツについて説明していきます。

一つ目は、「海流の上流に行くほど小さいものがいる」と書いてあります。そこから、「海流で分かった情報から仮説を立てるということが大切だ」ということが分かります。それにその後に、「予想通り、レプトセファルスはしだいに小さくなった。」と書いてあるので、「仮説を立てたら答えにたどりやすくなる」とわたしは考えます。

二つ目は、「調査で分かったことをグラフや地図に整理することで気がつきました。もう一度整理すると頭の中はスッキリしますよ。」と書いてあります。そこから調査したことをグラフや地図に整理すると良いことが分かります。

三つ目は、「知りたいことは、まだまだ増えるばかりです。」と文に書いてあり、疑問をどんどん増やしていって、もっと知識を増やすことができ、研究を続けることで、自分が成長できると私は考えます。

このように、この話は調査や研究をするときのコツがわかる話です。

「研究の仕方」をテーマにした紹介文の例

も４年生にはいる。一人ひとりが自分の興味・関心に沿って読み取ったことを、協働したり、読み合ったりする活動を通して無理なく共有できる。同じ題材でもいろんな見方があると感じられれば十分だ。

③ まとめ

単元末でのアンケート結果である。

「今後紹介文を書くときに大切にしたいこと」では、「読んだことのない人に納得してもらえるように」が一番多かった。これは、例えば「レプトセファルス」といった説明がなければ普通は分からない言葉をそのまま使わないように指導したことが反映されているかもしれない。まず読み手を意識する大切さを感じている子が一定数いるようだ。「友達に見てもらうことでよかったこと」では、「自分では気付けない間違いを知る」が圧倒的に多い。また、「友達の書いたものを見ることでよかったこと」では、「どうしたらよくなるか、考えることが勉強になる」が多かった。書いたものを互いに見合うことが自分の学びになると感じていることが分かる。

子どもたち一人ひとりが興味・関心を軸にして自力で学びを進めていく中でも、人と学び合うよさを感じられる学びの場づくりをこれからも模索していきたい。

テーマを決める	考えの根拠となる言葉に線を引く	「まとめ」と「具体側」をつなげる（クラゲチャート）	語と語、文と文のつながりを考える	読んだことない人に納得してもらえるように
4	1	7	7	10

今後紹介文を書くときに大切にしたいこと

自分では気付かない間違いを知る	ぼんやりしていた考えがはっきりする	つなげ方など困っていることが解決できる	自分が考えたことを分かってもらえる	責められているようで辛いことが多い	ほぼ見てもらってない
18	2	5	3		2

友達に見てもらうことでよかったこと

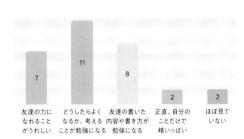

友達の力になれることがうれしい	どうしたらよくなるか、考えることが勉強になる	友達の書いた内容や書き方が勉強になる	正直、自分のことだけで精いっぱい	ほぼ見ていない
7	11	8	2	2

友達の書いたものを見ることでよかったこと

「大造じいさんとがん」

単 元 名	物語「大造じいさんとがん」の魅力を探る
発　　行	東京書籍／5年

高知大学教育学部附属小学校　田中元康

「子どもと創る言葉の学び」を考える

〈物語教材〉「個別最適が生きる」授業づくり

　個別最適で協働的な学びを成立させるために、教師は三つのことを果たす必要があると考える。一つ目は、子どもが選択をする活動を単元に組み込むことである。二つ目は、子どもが活動を振り返り、場合によっては修正をするといったメタ認知を働かせることができる機会を設けることである。そして、三つ目は、単元の出口のイメージを子どもがもつことができるように、教師が働きかけることである。以下、この三点について述べる。

①選択する活動を組み込んだ単元づくり

　個別最適で協動的な学習へ子どもが向かうためには、子ども自身が選ぶという場があることが望ましい。なぜなら、選ぶことで必然的に「個別」に向かうからである。また、何を選ばせるかも重要である。「個別」であるとともに、活動は「最適」に向かう必要があるからだ。子どもが選んだことを探究していく中で、物語を学習材として読む力を身に付けることにつながる「選ぶ」場面の設定が重要となる。本単元においては、「文・言葉」「登場人物」「調べる」などからテーマを選び、「作品の魅力」について探究していく。その過程で、作品と関わり、読む力を身に付けていく「最適」な場面が生まれると考えた。

②メタ認知を働かせることができる機会の保障

　学習においてどのようなことを学んだのかを振り返る「言葉の力確認表」と、自己評価・他者評価と振り返りを言葉で記すシートを用意し、学習の最後に記録をさせることで、自分の学習の歩みを振り返ることができるようにした。また、各自のタブレット型端末のアプリに探究の進捗状況を記録させた。そうすることで必要に応じて見直し、修正する機会をもつ。その結果、学び方へ目を向け、学び方を身に付けることにつながるようになった。

③単元の出口を見通すための「お試し探究」の設定

　探究のテーマを決めるに当たってプレ学習（お試し探究）を行った。それは、前話の場面での作品の魅力を教師と一緒に見いだす学習である。こうした活動を行うことにより、「探究することが分かった」「『前話』でやったように、ほかの場面を読んで分かったことを発表しようと思った」という声が子どもから出されるようになった。単元への意欲をもたせることとともに、どのような探究のテーマが考えられるのかを教師と共に知ることで、子どもは単元の活動をイメージするようになる。個別最適な学習に臨むに当たっては、こうした教師と共に取り組む学習が必ず必要だと考える。

① 単元構想

1・育てたい資質・能力

〈知識及び技能〉

・文章を朗読することができる。………………………………………………………… (1)ケ

〈思考力、判断力、表現力等〉

・人物像や物語などの全体像を具体的に想像したり、表現の効果を考えたりすることができる。…………………………………………………………………………… C(1)エ

〈学びに向かう力、人間性等〉

・言葉がもつよさを感じるとともに、楽しんで読書をし、国語を大切にして、思いや考えを伝え合おうとする態度を養おうとする。

2・単元の概要／教材の特性

　本単元の重点指導事項は、学習指導要領における〔思考力、判断力、表現力等〕の「C読むこと」の「人物像や物語などの全体像を具体的に想像したり、表現の効果を考えたりしている」C(1)エ（精査・解釈）である。「大造じいさんとがん」で教師と共に決めたテーマで探究をし、C(1)エの力を付けていく。本単元では探究というスタイルを取り入れて、作品の魅力を子ども自身が見いだす活動を設定した。第一次では、単元の学習計画を立てる。第二次では「大造じいさんとがん」での探究をしてその魅力を見いだそうとする。第三次で見いだしたことをまとめ、プレゼンテーションを行い、交流する。

3・単元構成　全8時間

・■は学習内容や活動、◎は指導上の留意点を示す

| 第一次 | 単元の活動・出口のイメージをもつ（第1・2時） |

・単元の目標「作品の魅力を見つける」を確認する。
・「大造じいさんとがん」を音読し、出来事の大体を読む。
・探究のテーマを決め、学習計画を立てる。
◎活動の内容を提案し、学習への意欲をもつことができるようにする。

| 第二次 | 探究に取り組む（第3～6時） |

・「お試し探究」を行い、前話の魅力を見いだす。
・個人テーマでの探究に取り組む。
◎探究の進捗状況を振り返らせ、活動への見通しをもつことができるようにする。

| 第三次 | 探究したことの発表と振り返りを行う（第7・8時） |

・「大造じいさんとがん」プレゼンテーションを行う。
・単元を振り返る。
◎「大造じいさんとがん」の作品の魅力の探究について、見いだした成果と課題を表現するように問う。

② 授業の具体（第二次第3時）

1・本時の目標

　単元「研究　大造じいさんとがん」の前話の場面より、この作品の魅力を見つけるといった「お試し探究」を行う。この活動を通して、作品の魅力について探究するテーマを決めることができる。

◎お試し探究を行い、探究するテーマを決める

　単元を始めるに当たって、「教科書に長く載り続けてきた物語『大造じいさんとがん』。それだけ長く載っているということはきっと読むべき価値（魅力）があるのではないか。その魅力を見いだすことはこれから物語を読み続ける君たちにとって読みの力を身に付けることにつながるのでは？」と投げかけた。この投げかけに、「魅力を見つける」ということに興味を覚えた様子であった。そして、「大造じいさんとがん」の音読や出来事の大体を読むことを行い、「魅力を探求する」準備を前時までに行った。

　本時は、どういったことを探究すればよいか、個人の探究のテーマを決めるためのプレ学習（お試し探究）として設定した。ここでは、「前話の場面の魅力を教師と一緒に探る」のである。物語は登場人物の説明や、舞台となる設定を説明する「前話」の部分が存在する。教師と一緒に、魅力を見つけることで、個人のテーマを決めることができるようになったり、活動の見通しをもったりすることができると考えたのである。

2・本時の展開

（1）本時の学習箇所と学習課題を確認

　前話から「大造じいさんとがん」の魅力を見つけることを子どもと確認した。

発問：前話から、読み手を引きつける魅力を見つけよう

（2）学習課題をもとに解決へ向かう

　「最初の一文から読み取れることを発表しましょう」と投げかけた。すると、次のような意見が出た。

　「残雪はがんのリーダー」　　　　　　…「率いて」と書かれているから。

　「残雪はこれまでもぬま地に来ている」…「今年も」と書かれているから。

それを受けて、「たった一文なのに、それだけ情報がつまっているのですね」と、文にこだわることができそうだという返しを行った。さらに、続きの文を取り上げて、

○残雪だけ名前が付いていて、特別な存在であることの紹介をしている

○「色の表現」で残雪の様子が目に浮かぶようにしている

といったことも、作品の魅力として挙げることができそうだと付け足した。ここから、魅力を探求するテーマとして、「文や言葉にこだわる」「色に注目する」こともできそうだと

いう声があがった。また、前話の最後の文から、大造じいさんの心情を読み取ることができることに気付いた子どもから、「登場人物の気持ちが分かる表現もテーマにできそう」という意見が出された。

プレ学習（お試し探究）　板書

　こうした作品の表現に注目する子どもがいる中で、「『かりゅうど』や『がん』について調べて、描かれている作品の世界をもっと詳しく知りたい。そして、そこから作品の魅力に迫りたい」という意見を出す子が現れた。また、この時点でテーマを決めかねている子どももいた。この子どもは読書が好きだったことを思いだし、「椋鳩十のほかの作品と比べてみるという方法もあるよ」と提案したところ、読み比べるというテーマで魅力を見つけることを考えるようになった。

（3）個人のテーマを決める

　「調べる」「文や言葉に注目する」「登場人物の気持ちに注目する」「ほかの作品との比較」などを行いたいという意見が出された。このとき、テーマを見つけることに苦戦している子どもには、教師からも提案をし、テーマを決める支援を行った。そうして、個人のテーマが決まったものを次のように黒板に整理した。それぞれがどのようなテーマにするかを見合い、似ているテーマだった場合は、子どもの必要に応じて、協働で取り組むこともできるようにした。例えば、「文の数」と「一番多く出てきた言葉」といった「言葉」に着目したテーマを決めた2人は協力して取り組むようになっていった。また、「調べる」ことも3人程度のグループができていた。

探究のテーマの整理　板書

③ 資料　学習の振り返りシート／言葉の力確認表／子どもの作品

○学習の振り返りシート

	(1)	(2)	(3)	(4)	(5)	(6)	(7)	(8)
時間								
学習活動	音読 大造じいさんに出合う	単元のめあてを知る 大造じいさんの魅力	単元計画 見通しをもつ	お試し 前話の魅力	探究1	探究2	探究3 報告	報告 ふりかえり
ふりかえり								
評価	自分で♡ 友達と♡	自分で♡ 友達と♡	自分で♡ 友達と♡	自分で♡ 友達と♡	自分で♡ 友達と♡	自分で♡ 友達と♡	自分で♡ 友達と♡	自分で♡ 友達と♡

○言葉の力確認表

	3	4	5	6	7	8
出来事を正確に読んでいる	♡	♡	♡	♡	♡	♡
登場人物の心情や想いを想像している	♡	♡	♡	♡	♡	♡
表現の工夫を見つけている	♡	♡	♡	♡	♡	♡
物語を読むことを楽しんでいる	♡	♡	♡	♡	♡	♡
調べたことを資料をつけてまとめている	♡	♡	♡	♡	♡	♡
資料をつかって発表している	♡	♡	♡	♡	♡	♡
何度も取り組みを変更したり、見直したりして取り組んでいる	♡	♡	♡	♡	♡	♡

　学習においてどのようなことを学んだのかを振り返る「学習の振り返りシート」と「言葉の力確認表」を用意した。この二つのシートに各時間の学習の最後に記録をさせることで、自分の学習の歩みを振り返るようにした。また、記入後は互いに見合うようにして、友達の取り組みを見ることができるようにした。そうすることで、自分の取り組みを振り

返り、最適な学びに向かうようにしたのである。

○子どもの作品例（ロイロノートでまとめたもの）

発表の様子

　上の資料は「猟師」について調べてまとめた子どもの作品である。このほか、場面の名詞を調べた子どもは、「一場面で場所を表す名詞が多く出てきており、読み始めるとき、情景が詳しく分かる効果がある」ということをまとめていた。こうした資料を作成し、発表した。「結果、魅力を見いだすことができなかった」という子どももいた。その結果も取り組んだ結果として認めた。その子は、単元終了後、別のテーマで再度挑戦をすると言っていた。

④ まとめ

　個別最適で協働的な学びの姿へ向かうためには、選択できる環境づくり・子どもが困難だと感じる場に出合わせることが必要である。その上で、上手くできなかったという結果も認めるという姿勢で教師は子どもに向き合うべきだと思うようになった。目指す姿は、困難に出合っても粘り強く取り組み続ける姿である。これまで、失敗させないように先立って手助けをしていたことに単元での子どもの姿を観て気付いた。行き詰まっていたり、困ったりしている子どもに声をかけ、支援をすることが本当に当たり前なのか。悩みながら取り組み続ける子どもの姿から、声かけや支援が、その子どもが求めているものかを改めて問い直すべきだと考えるようになった。一方、子どもに任せ、支援を控えるべきと決めこむのもどうかと思う。取り組んでいる子どものそばで、傍観者を決め込むのではない。何をゴールとするのか、どのような方向に向かうのか、実際にできるのかを試すなど、子どもが問いや見通しをもつことができるように働きかける。そのためには、子どもと共に計画を立て、子どもが振り返り、修正することを評価する姿勢で臨む必要がある。

「注文の多い料理店」

単元名	注文の多い料理店新聞を作ろう
発　行	東京書籍・学校図書／5年上

—— 大阪府・大阪市立堀川小学校　流田賢一

「子どもと創る言葉の学び」を考える

学習者目線の学びへと転換する授業づくり

　令和2年度より全面実施となった小学校学習指導要領では、指導者目線での授業づくりから、学習者目線での授業づくりへの転換が強く求められている。その後、資質・能力育成に向けて、「個別最適な学び」と「協働的な学び」の一体的な充実が示された。以下の3点にまとめて、授業づくりのポイントを述べていきたい。

①ゴールの共有

　学習の個性化とはいえ、授業にはゴール（目標）がある。そのゴール（目標）を子どもと共有することで、学びの方向性が決まる。「注文の多い料理店」であれば、高学年の物語文であるため「主題を捉える」こととした。新聞としてまとめる言語活動を設定し、学んだことを自己表現できる場とした。ほかにも、「人物像」や「表現の工夫」を記入する新聞の割り付けとした。

②共通の土台づくり

　子どもの学習経験や興味・関心には差がある。そのため、共通の土台づくりの学びがあると、単元の目標達成に向けた学びにつながる。東京書籍発行の教科書では、「注文の多い料理店」の学習で初めて典型的なファンタジー教材を扱うこととなる。下の学年の教材を活用し、ファンタジーの構成を学ぶことができたら、今までの学習との違いに気付くことができる。例えば、「つり橋わたれ」（長崎源之助・作／学図3年上）でファンタジーの基本を学習する。基本的なファンタジーの構成では、中心人物はファンタジーの世界を経験した後、変化することと変化しないことがある。中心人物の変容は、マイナスがプラスに変化することもある。これらの学びの土台があると、「注文の多い料理店」との違いから問いが生まれるきっかけとなる。ゴールに向けた方略を豊かにするための手だてともなる。

③方略の選択・決定

　ゴールを共有できているのであれば、道筋は自由である。ほかの方法でも同じゴール（目標）が達成できるのであれば、どの方法でも構わない。その子が学びたい欲求や好奇心にもとづき、学習者の自己選択と自己決定ができるように、指導者が子ども一人ひとりに応じた学習活動や学習課題に取り組む機会を提供できるようにする。「注文の多い料理店」では、主題を捉えるために読み取りたいことが複数予想できる。例えば、扉の意味や色、繰り返しの言葉に着目するだろう。「変わったことと変わらないこと」「最後の一文の効果」について授業の具体で後述する。

① 単元構想

1・ 育てたい資質・能力

〈知識及び技能〉
・比喩や反復などの表現の工夫に気付いている。………………………………… (1)ク

〈思考力、判断力、表現力等〉
・人物像や物語などの全体像を具体的に想像したり、表現の効果を考えたりしている。
　………………………………………………………………………………… C(1)エ
・文章を読んで理解したことに基づいて、自分の考えをまとめている。………… C(1)オ
・事実と感想、意見とを区別して書いたりするなど、自分の考えが伝わるように書き表し
　方を工夫している。…………………………………………………………… B(1)ウ

〈学びに向かう力、人間性等〉
・これまでに学習したことを振り返って学習課題を明確にし、学習の見通しをもって、進
　んで表現の工夫を見つけ、物語のおもしろさを解説する文章を書こうとしている。

2・ 単元の概要／教材の特性

　本教材は、現実の世界、不思議な世界、現実の世界を行き来するファンタジーの構造を
もつ物語である。会話文を中心に構成されており、発言内容から人物の性格や心情の変化
をつかみやすい。また、題名や料理店の戸に書かれた言葉が二通りに解釈できるところ
が、物語全体の大きな仕掛けとなっている。色彩を使った表現や擬声語・擬音語なども多
用され、物語全体に引き込む工夫を様々な観点から見つけることができる。物語の面白さ
を発見したり、表現の工夫について考えを深めたりするのに適した教材である。そこで言
語活動を「注文の多い料理店新聞を作ろう」と設定した。

3・ 単元構成 全 11 時間

・は学習内容や活動、◎は指導上の留意点を示す

第一次	言語活動を設定し、学習の見通しをもつ（第1時）

・全文を通読し、学習の見通しをもつ。
◎第三次で「注文の多い料理店新聞」を作ることを伝え、学習の見通しをもたせるようにする。

第二次	新聞作成に向けて物語を読み取る（第2〜8時）

・物語の構成を捉え、二人の紳士の人物像について読み取る。（一斉学習）
・主題を捉えるために、方略を決めて読み取る。（個別学習）
◎一斉学習と個別学習を組み入れながら学習を展開する。

第三次	言語活動「注文の多い料理店新聞」を作り、交流する（第9〜11時）

・「注文の多い料理店新聞」を作る。
◎ 「人物像」「表現の工夫」「主題」を新聞に書き入れる。

② 言葉の力を育む言語活動（①ゴールの共有）

1・育みたい読みの力

　本教材「注文の多い料理店」は「現実の世界→不思議の世界→現実の世界」と物語がファンタジー構造で展開する。そんなファンタジー構造で、中心人物「二人のしんし」の性格の変化はない。しかし、「紙くずのようになった二人の顔だけは、東京に帰っても、お湯に入っても、もう元のとおりになおりませんでした。」というように顔だけの変化がある。以上の教材文分析を踏まえ、指導に当たって以下の三つのことを学習していくことが大切だと考えた。

　一つ目は人物像を読み取ること。二つ目は、人物像を読み取るために物語の中に多く出てくる表現の工夫を捉えること。三つ目は、人物像と表現の工夫を結び付けて考えることで、作者である宮沢賢治が作品に込めた思い（主題≒メッセージ）を読み取ることである。このように、物語が強く語りかけてくること（主題）を複数の叙述から多面的に考えたり、人によって物語の感じ方が違うことを知ったりする（多角的に捉える）経験を積むことで、子どもがこれから出会う様々な物語を豊かに読む力が身に付くと考えた。付いた力を「登場人物の人物像」「表現の工夫」「主題（メッセージ）」を読み取ることに焦点をあて、それら三つを評価するために、三次では「新聞にまとめること」を言語活動に位置付けた。

　本単元の言語活動「注文の多い料理店新聞を作ろう」は単元はじめにモデルを提示し、ゴールイメージを子どもと共有し、子どもが学習の見通しをもって、授業を展開する。「読むこと」と「言語活動」のつながりを意識した単元計画をすることで、子どもが学習記録を蓄積して、新聞作成につなげられるようにした。新聞の構成は、人物像は「インタビュー記事」として、表現の工夫は「ランキング」として、主題は「取材を終えて」として記述するようにし、新聞の形式は統一した（資料1）。形式を統一することで、表現した内容を評価の観点とできるようにしたり、子どもが友達と自分の作品を比較し、考えの共有を容易に行えるようにしたりしている。詳しくは後述する。

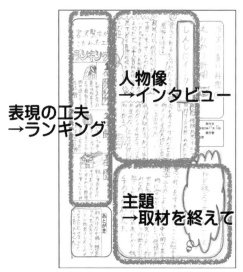

資料1　子どもが作成した新聞とその構成

2・一斉と個別を組み入れた単元構成

「人物像」「表現の工夫」「主題」を読み取る三つの力を育むために、単元構成を資料2のように計画した。第二次では、一斉学習と個別学習を組み入れながら学習を展開する。基本的な内容は一斉学習で学びを共有化し、その後個別の興味・関心に合わせて学習できるよう個別学習を設定した。

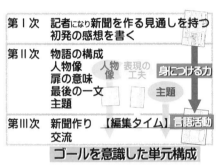

資料2 単元構成と学びの関係図

資料3 三つの育みたい力と物語の構成

三つの育みたい力を含む本単元での学習内容について、学習方法ごとに分類すると右図（資料4）のようになる。「人物像」は一斉学習、「表現の工夫」は個別学習、「主題」は個別学習で学習を進めていった。

個別学習した後は、全員で学びを確認する時間として一斉学習を取り入れるようにした。主題を捉えるための個別学習について次から具体的に述べる。

学習内容	学習方法
・物語の構成 ・人物像	一斉学習
・扉の意味 ・変わったこと／変わらないこと ・最後の一文	個別学習
・個別学習の内容を共有する	一斉学習
・主題	個別学習

資料4 学習内容と方法

③ 授業の具体
（②共通の土台づくり、③方略の選択・決定）

最後の一文に着目した学び

教材文の最後の一文「しかし、さっきいっぺん紙くずのようになった二人の顔だけは、東京に帰っても、お湯に入っても、もう元のとおりになおりませんでした。」に着目する子どもが多くいた。それは、既習の物語では結末場面で中心人物が変容しているが、「注文の多い料理店」の二人の紳士は変容しているように見えないからである。しかし、顔だけはくしゃくしゃになり、マイナスの変容をしている。このマイナスの変容も既習の物語との違いである。

最後の一文に着目した子どもの学びを、二つの方略で学んでいた様子を紹介する。【個別学習A】「最後の一文をリライト文で検討」と【個別学習B】「変わったところ・変わらないところを考える」の二つの方略である。

【個別学習A】

「最後の一文をリライト文で検討」では、「最後の一文はなくても、物語に大きな影響はないよね」「どうして最後の一文があるんだろう」という、子どものつぶやきから学びが創られていった。この問いに共感した子どもたちが集まり、読みを進めていった。リライト文を考えることで、最後の一文の効果を考える学びとなった。

リライト文A（顔が戻らない：原文と同じ）「元に戻りませんでした」
リライト文B（顔が戻る：原文と逆）「元に戻りました」
リライト文C（顔の記述なし：その後不明）「　」（記述なし）

三つの文を整理した後、「どの終わり方がいいかな」と考えだした。話し合いの中で、子どもは原文と同じAが一番物語に合うと結論付けていた。そこで、残りのリライト文BとCを選択しなかった理由を聞くと、以下のような発言があった。

- 「Bはハッピーエンドのように感じる」
- 「Bは紳士の考えが変わっていないのに、山猫たちは許さないと思う」
- 「Cはどうなったのか分からない」
- 「Cは物語が伝えたいことが分からなくなる」

このように、多くが物語の主題を捉えることにつながる発言であると感じた。三つの文の比較の後、リライト文Aに込めた作者の思いを考えると、「命の大切さを伝えたい」「二度と同じことを繰り返さないでほしい」「悪いことをしたら返ってくる」と話し合いをまとめていた。

【個別学習B】

「変わったところ・変わらないところを考える」では、既習のファンタジー「つりばしわたれ」と比較し、顔だけを戻さなかった作者の思いを考えた。

既習の物語文は、設定から結末へ「プラス」に変化していることが多い。しかし、本教材は結末で「顔がくしゃくしゃになって元に戻らない」という「マイナス」で終わる。この既習との違いから問いをもち学習をスタートさせていた。

『「顔だけ」が元に戻らなかった』という記述から、子どもたちは次のように話し合いの中で考えを整理していた。

- 変わったところは、顔という「大切なところ」「魅力的なところ」「体」であること
- 変わらなかったことは、設定から変わらない「性格」

（命を大切にしない、自己中心的、お金が大事）

主題につながる作者の思いを考える場では、「悪いことをすると返ってくる」「天罰」「性格が顔に出た」と発表し、学習をまとめた。

④ 交流と言語活動

互いの学びを交流する時間

最終的な言語活動は新聞づくりである。そのため、自分の学びをまとめた後、互いの読みを交流しアドバイスをする時間として、新聞作成に向けた編集タイムを設けることとした。聞き手が新聞の編集者（デスク）として内容を聞き、アドバイスをする時間である。

言語活動「注文の多い料理店新聞」

学んだことを新聞にまとめられるように誌面を構成している。この新聞を見て、自己評価や相互評価ができる。また、指導者も各自の読みを評価することができる。

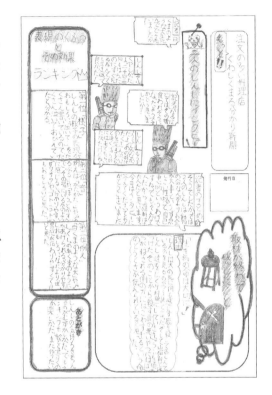

⑤ まとめ

「主体的・対話的で深い学び」の「主体的」な学習の実現に向け、子どもの興味・関心に合わせた方略を選択することが大きく関わってくる。取り組みたい、楽しい、面白いというポジティブな感情から学びに向かうことができる。子どもたちが自分に合う学習内容や学習課題に取り組めるように、指導者が学習機会を提供する場を重ねていく。この経験が増えることで、子ども自身が学習を最適となるように調整し、学びを選択・決定できるようにしていきたい。

今までの指導との違いを考えると、平均的な子どもに合わせた限定的なデザインであったため、目の前の子どもたちそれぞれに合った学びを実現したい。興味・関心や生活経験の差があるため、学習の個性化を実現していく。

これらが、個別最適な学習を実現するために必要なことだろうと考えている。今までの学びが否定されたのではなく、単元に組み入れていくことで求められている学びに近づいていくだろう。①ゴールの共有、②共通の土台づくり、③方略の選択・決定を授業改善の視点とすることで、今までの学びを学習者目線に転換することができるのではないだろうか。子どもたちがどのように学んでいきたいのかという視点でもう一度授業を見直してみると、新しい発見があるかもしれない。

5年 説明文

「固有種が教えてくれること」

単 元 名	説得力のある説明文を書こう
発 行	光村図書／5年

昭和学院小学校　柘植遼平

「子どもと創る言葉の学び」を考える

自分の学びのスタイルを創るために

　国語の学習において子ども自身で学びのスタイルを創っていくことは、学び方が分かっていないと実現できない。高学年の説明文では、要旨を捉える必要があること、要旨を踏まえ自分の考えをもって伝えること、自分の主張を説明文として書くこと、という学びのゴールが見えていないといけない。ゴールを知った上でそれぞれの説明文に対して、

①自らが問いを生み出すことができること

②問いを共有し、伝え合う学びの中で新たな発見や問いを生み出すこと

の二点が必要である。ただし、高学年になっていきなり「自分でやってごらん」では、子どもたちも困ってしまうし、学びとはいえない。指導事項を押さえつつ、徐々に学びのスタイルが創れるようにしていきたい。そこで、5年生の2学期に取り組みたい学びの在り方のポイントを2つに絞って紹介したい。

①必要感のある場の設定

　当たり前のことすぎて「何をいまさら」と思う方もいると思う。ただ、今までの国語の学習では、「後で自分でも説明文を書くからね」のように活用の場面を教師から与えてしまっていた。同じ活動でも、自分から「書きたい」「そのために文章を読んで学びたい」にしたい。今までやってきた第二次の活動と同じでも構わないので、必要感のある場をもたせるという小さな一歩の意識をもって準備することが大切である。

②子どもと創る単元構成

　前述したように「自分でやってごらん」といきなり投げてしまっては学習にならない。子どもに委ねているように見えて丸投げしているだけである。そうではなく、最初の疑問や困り感から子どもと共に単元構成を考えることから始めていきたい。とはいえ、子どもにとっても教師にとっても初めて取り組むにはハードルが高い。そこで「みんなの考えからこういうやり方はどうかな？」と、単元構成を数パターン提示し、子どもが選んでいくことで学びのスタイルの引き出しを増やしていく単元としてはどうだろうか。ある程度の単元構成を教師が組み立て、一定のレールをつくることで、指導事項を押さえることもできるし、引き出しを増やすことができ、安心して取り組むことができる。先の単元で子どもが学びのスタイルを創ることを意識して、その素地をつくっていくことが大切である。

① 単元構想

1・ 育てたい資質・能力

〈知識及び技能〉
・図などによる語句と語句との関係の表し方を理解し使うことができる。………… (2)イ

〈思考力、判断力、表現力等〉
・文章と図表などを結び付けて読み、筆者の工夫を自らの文章に生かすことができる。
……………………………………………………………………………… B(1)エ、C(1)ウ

〈学びに向かう力、人間性等〉
・図表の効果や文章構成の大切さを認識し、自分の書いた文章や考えを伝えようとする。

2・ 単元の概要／教材の特性

　本教材は2段落と11段落に筆者の主張が分かりやすく書かれ、子どもたちも気付きやすい双括型の文章である。しかし、この主張を展開するための具体として書かれている文章は、地名や数字、年号など細かな情報が多く、文章だけでは伝わりにくい。その分、資料の効果が大きくなっている。そこで二つのアプローチを提示し、子どもに委ねたい。
①文の構成や内容、書き方など文に注目して読み進めていく
②資料の効果について考え、過去の説明文などと比較しながら読み進めていく

　これらをもとに、第二次では自分でも具体の在り方を考えながら書けるようにしたい。留意点は、本文「主張→それを助ける資料」という形であるが、第二次「選んだ資料→読み取ったものを文章にする」という形に陥らないようにすることが必要である。

3・ 単元構成　全10時間

・は学習内容や活動、◎は指導上の留意点を示す

| 第一次 | 書くためにアプローチを決めて読もう　（第1～6時） |

・自分の主張に説得力をもたせて伝えるために、説明文から学ぼう。
　⇒題名から話の流れや要旨を予想する（題名の重要性について考える）
・要旨を捉え、筆者の主張を知ろう（具体と抽象の関係を漠然と考える）
A【文章からアプローチ】文章を俯瞰して構成図を書く。
　⇒具体例の順序について考える／資料の効果について考える
B【資料からアプローチ】どんな資料があると分かりやすい文章になるか考える
　⇒資料と段落とのつながりを考える
・それぞれのアプローチから考えたことを交流して学びを深め、考えを再考する
◎書くことに向けて指導事項を押さえる

| 第二次 | 資料を活用して書こう　（第7～10時） |

・自分の主張を固め、文章のフレームを決める。
・説得力をもって伝えるための資料集めを行い、集めた資料をもとに書く。

② 単元構想の具体

1・第一次　第1時

第1時　板書

　単元の導入で本文は扱わず、自分が説明文を書くためには何が必要なのかを考える時間として扱う。この時間が学習の必要感を生み、自分の学びのスタイルを創れるようになるためにとても大切となってくる。また、必要感という点では、この単元のために書く学習を行うよりも、総合的な学習や社会科などで書く必要のある単元を構成し、「書き方については国語で学習しよう」という形の授業を先にやってから国語の学習ができると理想的である。題材やテーマは資料が集めやすいものとし、SDGs の取り組みなどについて扱うことを勧めたい。また、読み手が必要なことから、ここでは4年生に伝える学習を例にしながら進めていく。

　子どもたちは既習から人に伝えるためには、①主張がはっきりしている、②分かりやすい中・具体が必要、③読みやすい文などが必要であることは気付くことができる。もし、気付かない場合は、この三つは教師から提示してしまっても構わない。ここで「じゃあ、書いてみようか？」と問いかけると、「えっ!?」と反応する子どもたちがクラスの中には必ずいる。その子たちの反応を拾い、「まずは、説明文の文章を使って書き方を学ぶ学習をしていこう」として必要感をもたせたい。その後は、題名から話の内容を考える既習の学習の時間にしたい。内容を予想した上で本文を読み、③読みやすい文にするためには題名やキーワードが重要だと再認識させたい。

　このように、導入の中で自分たちの気付きを更新したり、再認識したりすることで、今後の学習の必要感を高めていきたい。第1時のキーワードは「必要感」であり、それを教師が意識し続けることが大切である。

2・第一次　第2時

　第1時では、題名とキーワードの大切さを学んだ。第2時は、説明文を読む上で大切な要旨を捉える学習を行う。その中で、自分の主張を伝えるためには、どうしたらいいの

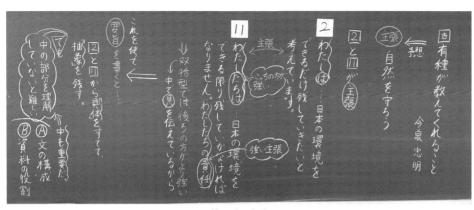

第2時　板書

かを考えていきたい。

　要旨について考えていくと、双括型の文章であることや後半の方により強い主張が現れる特徴などに気付く。また、要旨をつかむには「具体」と「抽象」の考え方が必要であることを指導事項として押さえ直しておくことで、自分が書く際にも「具体」と「抽象」を意識して書くことができる。また、この時間では具体の部分を読み進めていくための方法について、子どもと共に検討し単元計画を創っていく。②分かりやすい中・具体が必要、③読みやすい文を目指すために、ここから「A：文の構成」と「B：資料の役割」の二つに分けた学習を提示する。

　どちらのアプローチで取り組むと自分で学習がしやすいか、子どもに選択を委ねたい。2パターンの提示であれば、教師も少しの工夫で行うことができ、子どもにとっても安心感のある学習となる。このように徐々に委ねる部分をつくっていき、自分で学びのスタイルが創れる引き出しを増やしていきたい。

A：文章からアプローチ（第3・4時）

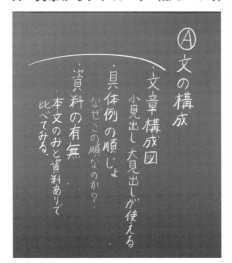

B：資料からアプローチ（第3・4時）

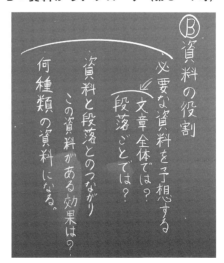

学び方を確認して委ねる。確認せずに丸投げにならないように注意が必要

それぞれのアプローチに分かれての学習では、前頁の写真の部分をスタートの前に確認したい。確認せずとも子どもたちが気付けることが理想ではあるが、この単元では先の単元のために学ぶ学習も必要であることから、提示してしまってもかまわない。これらを頼りにしながら、自力読みを進めていく。ただ、ここでも一人で読む、隣の人と二人で読む、グループになって取り組むなど子ども自身が決められる自由度をもたせたい。このときに留意したいことは、全員が同じ方法で読むのではなく、個別に学びたいスタイルを選ばせることである。クラスの実態に合わせてどんどんチャレンジしたい。

3・第一次　第5・6時

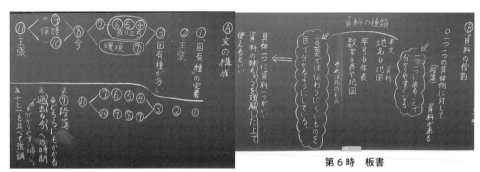

第5時　板書

第6時　板書

全員がアウトプットできる場が必要。ただし、指導事項についてはきちんと確認する

それぞれのアプローチで考えたことを交流する際には、様々な方法が考えられるが、このときに大切なのは、全員が話すということである。上の写真のように、教師が子どもの意見を吸い上げて板書することも必要だが、それで終わってしまってはいけない。全員が自分の考えたことを相手に伝えることが大切である。人に伝えるアウトプットの過程で自分の思考が整理できたり、質問されたことから新たな気付きが生まれたりする。論理的に話して伝えることは、第二次の書く活動にもつながってくることからも必要である。

また、自分で話すからこそ、相手の話を聞くことにもなり、ほかの人の話を聞くうちに新たな発見、新たな問いを生み出すことにもつながる。このときには、ノートにまとめたり、ホワイトボードにまとめたり、タブレットを活用したりなど様々なツールを活用できる。話し方についてもグループや、ペアを使ったり、何人にも話したりするなど、今までの学習でやってきた方法を活用して、クラスの実態に合わせて、全員参加で行える手だてを考えたい。

また、「子どもと言葉の学びを創る」過程では交流したことをもとに、再考する時間をしっかりと確保することも大切になってくることを教師が意識しておきたい。

ただし、指導事項として学ばせたいものについては一緒に確認をしたい。その意味でも、板書が必要ないというわけではない。この単元では、指導事項の一つに「資料の活用」があるため、第6時の板書「資料の種類」の部分で、それぞれの資料の特性について

学ばせたい。そうすることで、第8時の資料集めの際の目の付け所がはっきりとする。

4・第二次　第7～10時

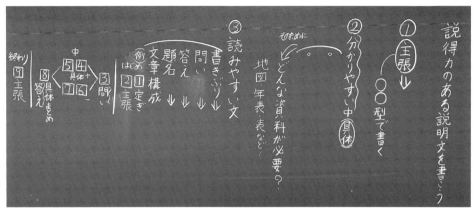

第7時　板書

　これまでに本教材で学習してきたことをもとに、書く学習へと入っていく。第7時では、①自分の主張を何型の文章で書くのかを決める、②中の具体にはどんなものがいいのか考える、③読みやすい文にするためにどのくらいの段落で構成するといいかなど、説明文のフレームを固める。もちろん、書きながら修正をして構わないが、フレームのイメージをもって意識して書くことが大切なので、この時間を大事にしたい。フレームをメモの形にして残しておくとより分かりやすくなるが、あくまでメモであることに留意したい。このときに、具体の例を二つ、三つ挙げられると資料探しの際に苦労が少なくなる。単元の概要で述べたように、書く活動になったときに「選んだ資料→読み取ったものを文章にする」という形に陥らないようにするためにも、どんな資料が必要なのかをはっきりとさせておきたい。

③　まとめ

　今回の提案は、本書の「まえがき」にあった「自分の学びのスタイルを、自分の特性に応じて創ることができるようにする」ための第一歩として挙げさせていただいた。みんなが同じ学習教材を読みながら進めていく学習から、いきなり学び方を大きく変えていくのは、教師にとっても子どもにとっても難しい。ましてや、子どもにそれができるだけの素地（引き出し）がないと取り組むことはできない。基礎を確認し、指導事項を押さえつつ、学び方を学んでいかなければならない。高学年ではそれが可能であるし、それこそが子どもと共に学びの空間を創るということにつながっていく。既に実践されたものがたくさんあるが、いきなり取り組むにはハードルが高いものもある。このくらい小さなスタートから始めていきたい。次や次年度の単元での子どもたちの学びの姿を見越して、まずは小さな一歩、教師ができるところから始めて取り組んでいくことが大切である。

「 海 の 命 （ い の ち ）」

単 元 名	登場人物の関係を捉え、人物の生き方について話し合おう
発 行	光村図書・東京書籍／ 6 年

東京都・江東区立数矢小学校　山本純平

「子どもと創る言葉の学び」を考える

〈文学教材〉学びを創る4つのポイント

　どの子も取り残すことなく育成する「個別最適な学び」。それぞれの持ち味を生かす「協働的な学び」。学びを子どもと創ることを目指すのはもちろん、子どもが自力で言葉の学びを進められるようにもしたい。子どもと学びを創るために、教師が意識する4つのポイントを紹介する。

① 何を読むか

　文学作品で何を読むのかを、子どもが分かっていなければならない。ゴールを明確にして活動をスタートしなければ迷走してしまうためだ。高学年のゴールとして私が設定するものは「題名が象徴しているものを読み解く」「作者はなぜ、この題名をつけたか」「作品が最も強く自分に語りかけてくるものを受け取る」「作品のテーマを探る」が多い。

　ゴールを毎回変えていると、子どもが混乱する。年間を通じて、方向性を変更しないほうがよい。また、どんなゴールであっても人物の生き方に焦点を当てて考えることを意識すると学びが深まる。

② そのために、何に注目するか

　「作品が最も強く自分に語りかけてくるもの」は最後に取り扱う。しっかり受け取るようにするために「題名が象徴しているもの」を読み解く。読み解くために「人物の会話文や行動描写に着目する」というような、ゴールから逆算して考えられるように注目する観点を指導する。このとき、一つの単元で新しい観点（情景描写が人物の心情に関わる）や解決方法（人物関係図にまとめて整理）を一つずつ積み上げることを意識する。その学年の最後の教材を扱ったときに、自力で言葉から学びを創ることができるようになればよい。

③ どの解決法を選ぶか

　どの言葉に注目することで、学びを創ることができるか。注目した疑問を解決するためには、どんなことをすればよいか。ここで個別最適な学びをねらう。「どの言葉をきっかけに考えるか」や、「どんな解決方法を採用するか」でグループを作ると、深い学びに向かって効果的な活動を行える。さらに協働的な学びにもなる。

④どのようにシェアするか

　個別最適に学んだことをそのままにしては深まらない。また、最適と思ってスタートしたものが、そうでなく感じることもある。学びを共有することで、子どもは言葉の学びが創り出されたことを実感できる。

① 単元構想

1・ 育てたい資質・能力

〈知識及び技能〉

・語句と語句との関係、語感や言葉の使い方に対する感覚を意識して、語や語句を使っている。……………………………………………………………………………………………… (1)オ

〈思考力、判断力、表現力等〉

・人物像や物語などの全体像を具体的に想像したり、表現の効果を考えたりしている。…………………………………………………………………………………………… C(1)エ

・文章を読んで理解したことに基づいて、自分の考えをまとめている。………… C(1)オ

・文章を読んでまとめた意見や感想を共有し、自分の考えを広げている。……… C(1)カ

〈学びに向かう力、人間性等〉

・登場人物の関係等に着目して自分の考えを広げることに進んで取り組み、学習課題に沿って互いの意見を交流しようとしている。

2・ 単元の概要／教材の特性

　太一が様々な人物から影響を受け、一人前の漁師となっていく物語である。人物同士の関わりを捉え、「海の命」という題名が象徴するものを読み取る過程で多くの学びを創ることができる。卒業を間近に控えた6年生のこの時期に、自分が今までどのように振る舞ってきたかやこれからの生き方を考えるのに適した教材である。これまでに積み重ねてきた学びを生かして、自力で教材を読み深められるようにしたい。

3・ 単元構成　全6時間

・は学習内容や活動、◎は指導上の留意点を示す

第一次	疑問を出し合う（第1・2時）

・題名読みをする。

・一人読みをして疑問を出し合う。

◎読む前の題名読みを通して、視点をもてるようにする。

第二次	解決したい疑問について話し合い、まとめる（第3・4時）

・疑問を分類整理する。

・解決したい疑問ごとにグループをつくり話し合い、分かったことを模造紙にまとめる。

◎「題名が象徴することを明らかにするために」という視点で解決すべき疑問を選ばせる。

第三次	発表を聞き合い、自分の考えを深める（第5・6時）

・発表を聞き合い、題名が象徴するものについてまとめる。

・文章をまとめ、人物の生き方について作品の感想を書く。

◎発表と発表を関連付け、模造紙に付け足すなどして視覚的情報として形に残す。

② 授業の具体

1・何を読むか　〜題名読みをきっかけに〜

　まずは題名読みをする。題名から作品の内容を予想する子もいれば、題名が何を象徴しているかを考える子もいる。できるだけ多くの子に題名読みをさせ、内容についての予想なのか、象徴するものについての予想なのかを分けて板書する。だんだん「文学作品で何を学んできたか」「何を読むか」という方向へ、子どもの思考が切り替わってくる。

2・何に注目するか　〜動いている子のやることを広める〜

　その後に教材文を読む。子どもの力に合わせて、教師が範読するか、子どもが音読をするか、黙読をするかを決める。今回の実践では4人組で音読を行った。音読はグループごとに読み終わる速度が異なる。読み終わったグループのもとへ行き、「次は何をしようか？」「今、何をやろうとしている？」とノートを見ながら聞いて回る。「とりあえず、登場人物を書いています」という子がいれば、「ああ、登場人物の名前を全員書いているんだね。その後はどうする？」「その人物の性格を書いてみる？」と対話しながら、やることを示唆する。子どもの段階に応じて、以下の観点で読み進められるようにする。

> 人物：登場人物を書き出す。人物像を書く。人物関係図を作る。
> 　　　「何から何に」と、人物の変容を書く。
> 疑問：作品に対する自分の疑問を書き出す。
> 　　　なんでこんなことを言ったの？　なんでこんなことをやったの？
> 構成：いつ、どこ、誰をもとに場面を分ける。
> 象徴：題名が象徴すること、生き方についてまとめる。

　まったく動けない子に向けては、「登場人物を書き出すこと、それらの人物像を書くこと」がスモールステップとして適している。次に「その人物は、なんでそんなことを言ったのか、やったのか」という観点で、疑問を出すように声をかける。疑問を出したら現時点での自分の予想を書いてもよい。自問自答しながら読む習慣を付けたい。

　「海の命ってなんだったんだ？」とノートに書いている子がいる。この疑問をそのまま取り上げると、まだ抽象度が高く、すべての子が考えることができない。疑問を書いていることや、題名が象徴することにふれていることを評価しつつ、その調子でよく分からないことをどんどん書くように促す。

　次のページ図1は1時間目の板書を示したものである。出てきた疑問は早く読んでいた子たちのもの。机間指導しながらどんな疑問が出たのかを聞いて回り、それを板書した。そうすれば、遅れがちな子が、何に目を向けるべきかを分かってくる。

2時間目、全員に自分の一番気になる疑問を発表させる。整理しやすくするために、疑問をカードに書いて黒板に貼る。子ども一人ひとりの持つタブレットを使用してもよい。疑問を整理するときは、人物や場面、構成を観点にすると考えやすくなる。

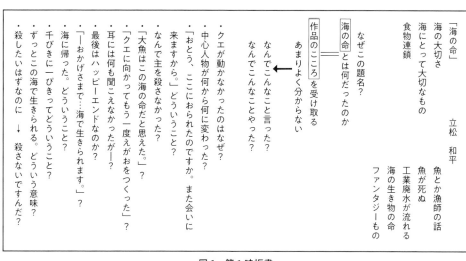

図1　第1時板書

3・どの解決方法を選ぶか　〜疑問の取捨選択〜

「どの疑問について考えると、題名が象徴していることが解決できそう？」

　分類、整理した後に発問した。そうすれば、何を解決するために読むかという、読みのゴールを想起させることができる。また、何を考えることで作品を読み深められるかという「学びの感覚」を養うこともできる。自分にとって最適な学びを意識できるのだ。

　同じ疑問をもつ者同士で集まり話し合い、模造紙半分のサイズにまとめ、全体にシェアする。話し合ってまとめるのに2時間と設定した。3時間で実践したこともある。実態にもよるのだろうが、3時間だと集中が途切れるグループが散見された。

　まとめるのはタブレットではなく、模造紙で行った。子どもの話していることと、模造紙にまとめられたことに差があったとき、模造紙に付け足すことがあるためだ。また、違うグループの発表内容と似たところがあれば、そこを強調したり線でつないだりすることができる。違うグループ同士を関連させることで、協働的な学びに深みが出る。

今回、子どもたちの興味は五つに分かれた。

・目の色のちがう二匹のクエは同じか

・「千びきいるうち一ぴきをつれば、ずっとこの海で生きていけるよ。」と「海の命」の関係

・「瀬の主は全く動こうとはせず、太一を見ていた。」のはなぜか

・なぜ、クエを殺さなかったのか

・なぜ、太一はクエにもりをささなかったことを、生涯だれにも話さなかったのか

海の命　　　　　　　　　　　　　　　　　　　　　　立松　和平

すぐ解決できる
・「海に帰りましたか。」どういう意味？
・「おかげさまでぼくも海で生きられます。」？

与吉じいさ
・「千びきに一ぴきでいいんだ。」？
・千びきに一ぴきしかとらないのだから海の命は全く変わらない。
・父の海、太一の海ってどういうこと？
・海はみんなのものじゃないの？

一人前について
・クエをとらないと一人前の漁師にはなれない？
・おとうは一人前じゃない？

瀬の主を殺さなかった
・なぜ「この大魚は自分に殺されたがっている」と思った？
・なぜクエにもう一度えがおを作った？
・「こう思うことによって、太一は背の主を殺さないですんだ」どういうこと？／なぜ瀬の主を殺さなかった？

瀬の主と、おとう
・「おとう、ここにおられたのですか。」？
・「また会いに来ますから。」？
・クエに向かって言っているのはなぜ？
・大魚はこの海の命だと思えたのはなぜ？／なぜこの大魚だけ？

クエの描写
・クエの目の色がちがう。父をやぶった瀬の主ではない？
・瀬の主は全く動こうとはしなかった。おだやかな目だったのはなぜ？

後話のあつかい
・もりを打たなかったことを生涯だれにも話さなかったのはなぜ？
・「瀬の主を殺さなかった」で終わってもいいのに、なんで最後の部分を書いた？

図2　第2時板書

4・どのようにシェアするか　～話し合い、形に残して発表～

　考えたことをシェアすることを通じて、協働的な学びを創ることができる。シェアの機会は、自分の考えを伝えるために話し合うとき、話し合いを何らかの形（今回は模造紙）に残して発表するとき、発表内容を受けて聞き手の考えをコメントするとき、などである。それぞれの機会に協働的な学びが創り出されていることを、教師が明確に意識する必要がある。それぞれの機会を十分に生かして、学びを創り出したい。

　それぞれのグループに「どこまで分かったか。どんな話し合いになったか」を聞いて回り、叙述からそれた話になっていないかを確認する。45分で各グループに二回ずつ声をかけた。興味ごとに分かれたとき、一見「その疑問を解決することで、本当に題名が象徴することに迫れるのか」と心配になるグループもあった。また、話し合いが深まらず、停滞しているグループもあった。どの叙述に着目すれば読めるか、飛躍しすぎた解釈になっていないか、教師の読みを押しつけない程度に一緒に話し合うことで、模造紙にまとめられるように支援した。

　目の色が違う二匹のクエが同じかどうかを話していたグループは、早々に結論を出していた。そこで「太一は出会ったクエが、父の仇ではないと分かって殺さなかったのか」という話し合いにシフトさせた。その結果、海の命という題名が象徴することに関する話し合いをすることができた。模造紙にまとめられた内容はクエの目の色の描写についてだけであった。しかし、ほかのグループの発表で、海に生きる太一の家系についての話題が出た時にも他人事としてではなく、自分たちが話し合った内容をほかのグループはどのように解釈したかという姿勢で聞くことができていた。

　模造紙にまとめる前の話し合い、模造紙にまとめた内容、口頭で説明する内容には、そ

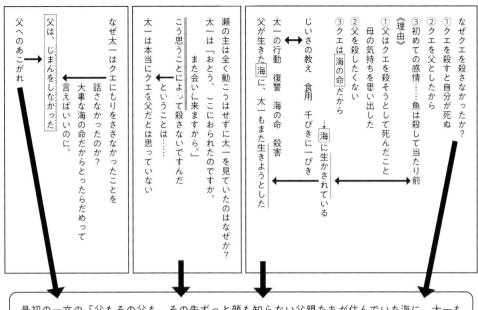

最初の一文の「父もその父も、その先ずっと顔も知らない父親たちが住んでいた海に、太一もまた住んでいた。」につながる。最後に太一の子どもが書かれたことも納得。これからも一族が、海の命を守って海に生き続けるということがよく分かる。

れぞれ差がみられた。話し合いで深まりのあるものになっていたのが、発表では首をかしげるような話になってしまうこともある。模造紙の内容が乏しいのに、深まりのある発表をするグループもある。「話し合いではこんなことを言っていたよね」とフォローを入れたり、重要な言葉を模造紙に付け足したりする。ギャップを埋め、つなげていくのもファシリテーターとして学びを創る教師の役割である。

◎発表後のシェア　〜発表について話し合い、コメント、質疑応答〜

　思考を途切れさせないため、緊張感を保つため、協働的な学びをより深めるため、発表後のシェアは有効である。発表後、それぞれのグループで、聞いた意見についてどう思うかを話し合い、コメントをする。その時々で何を重視するかを考え、発表を聞いた後の話し合いを何分間とるか、感想を何人に言わせるか、質疑応答の時間を設けるかどうかを決める。今回は45分で全5グループの発表を終え、最後に「題名が象徴するもの」「作者がなぜこの題名にしたか」をノートにまとめる活動を行うことを計画していた。そのため、質疑応答は行わず、各発表後2分間話し合い、二人が意見を述べるにとどめた。

③ まとめ　学びの実感を次の学びの意欲へ

　以上の方法が、子どもと共に個別最適で協働的な学びを創るきっかけとなる。ゴール（何を読むか）に向かい、何に注目して読み進めることで深まったか。友達のどの意見から深まったかを振り返る。そして一単元に一回は「これをやったから深まった」と子どもに「学びの実感」をもたせたい。その積み重ねが、次の学びを創る意欲となるのだ。

「やまなし」

単 元 名	宮沢賢治が描く「やまなし」の世界を味わおう
発 行	光村図書／6年

カリタス小学校　安達真理子

「子どもと創る言葉の学び」を考える

〈文学教材〉　文学の「悦び」＝鑑賞につながる学び

　なぜ人は文学を読むのか。それは、文学が人に「悦び」を与えるからであろう。文学を読むと、しみじみと心が温かくなり、勇気が湧き、躍り出し、前を向いて歩み出したくなる。時には悲しさや苦しさに共感し、ひりひりとした課題を突きつけられることもある。それらの「悦び」を共に味わうことが、文学授業の醍醐味である。「文学を読む悦びを共に味わう」授業、言い換えれば「文学のもつ世界観を共に鑑賞する」授業を、子どもと創っていきたい。それは正に、「『個別最適な学び』と『協働的な学び』の充実」によって実現するのである。つまり、一人ひとりのもつ個別な読み（鑑賞）をしっかりと確立させた上で、それらを協働的な道筋で交流させ、より深い読み（鑑賞）を産出させる学びである。

①「鑑賞」という個別最適な学び

　宮沢賢治が描く世界は文学性が非常に高い。摩訶不思議な要素が多く、大人でもどう読んだらいいか悩むことがある。しかし逆に言えば、多様な読みが保障されており、鑑賞の愉しさをより深く導き出せる。「やまなし」は、その代表作と言えるだろう。だからこそ、本作品と出合った子どもたち一人ひとりの見方・考え方・感じ方を大切にして、多様性を生かし、「不思議だけれど、なんだか素敵」「よく分からないけれど、そこがまた魅力的」などといった子どもらしい鑑賞が生まれるような活動に導きたい。それには、シンプルかつゆとりある問いを立て、自由な発想と遊びのある空間を保障する必要がある。「ここでは何を言っても大丈夫」という安心感のもてる環境の整備も重要だろう。子ども特有の素直な感性によって、宮沢賢治の魅力に迫る鋭い解釈が生まれることも期待しながら……。

②協働的な学びによって「考えの形成」が確立する

　一人ひとりの個性的な鑑賞は、協働的な学びによって視野が広がり、鋭くみがかれ、豊かな鑑賞へと発展する。子どもたちは、自分が考えたことを表現して聞いてもらうことを好み、友達の考えを聞いて読みを広げることを楽しむ。なぜなら、一人で考えても考えつくことには限界があり、みんなで考えるからこそ、より深い鑑賞が味わえることを知っているからである。協働的な学びの面白さを実感している子どもたちの心には、友達への感謝も生まれる。そして、初めに考えたことがより確かな考えへと変容し、単元終末では自分なりの「やまなし」鑑賞論が確立する。つまり、学習指導要領が示す「考えの形成」が促されるのである。これは鑑賞文を書く活動によって産出されるが、その鑑賞文を読み合う活動で、さらに鑑賞を行う。すると、文学鑑賞は実に豊かな悦びとなるのである。

① 単 元 構 想

1・ 育 て た い 資 質 ・ 能 力

〈知識及び技能〉

・語感や言葉の使い方に対する感覚を意識して、語や語句を使うことができる……（1）オ

・比喩や反復などの表現の工夫に気付くことができる………………………………（1）ク

〈思考力、判断力、表現力等〉

・人物像や物語などの全体像を具体的に想像したり、表現の効果を考えたりすることができる。……………………………………………………………………………… C（1）エ

・文章を読んで理解したことに基づいて、自分の考えをまとめることができる。　C（1）オ

〈学びに向かう力、人間性等〉

・自分の読みを伝えて友達と共有し、友達の読みから新たな考えをつくり出そうとする。

2・ 単 元 の 概 要 ／ 教 材 の 特 性

　本教材は情景描写が豊富で美しい反面、「クラムボン」などの造語があり、幻想的かつ比喩的要素が強く、理解しがたい部分をもつ。一読で謎を解明するのは難しいが、だからこそ学級で何度も読み合い、解釈を語り合う活動が意義深い。その文学的神髄に近づけるように、様々な機会を設けて全員が魅力を味わえるようにしたい。「五月（十二月）の世界はどんな世界？」などと問い、グループ活動を通して自分の言葉でイメージを語れるように促す。また、賢治作品には多くの絵本があるのでその特性を生かし、読み聞かせることで各々の画家の解釈も含めてイメージの幅を広げ、幻想的世界観を味わう助けとしたい。

3・ 単 元 構 成　全 8 時 間

・は学習内容や活動、◎は指導上の留意点を示す

第一次	物語の設定を捉えよう　（第1・2時）

・題名から内容を想像した後、「やまなし」に出合う。初読の感想をまとめる。

・時（五月と十二月）、場所（川底）、登場人物（かにの兄弟・父・魚・かわせみ）を捉える。

◎ 2枚の幻灯が描く世界を比較できるように、時間帯や光の明暗などの違いに着目させる。

第二次	賢治が描く「やまなし」の世界を味わう　（第3〜6時）

・叙述をもとにして、「五月」の世界はどんな世界かを語り合う。

・「クラムボン」とは何かを考え、根拠にもとづいて自分なりの解釈を議論する。

・叙述をもとにして「十二月」の世界はどんな世界かを語り合う。

・「五月」と「十二月」の世界を対比させ、「やまなし」の作品の魅力を伝え合う。

◎複数の絵本（10冊刊行）も手がかりとして、誰もがイメージを語れるように促す。

第三次	「やまなし」の鑑賞文を書き、互いに鑑賞する　（第7・8時）

・「やまなし」の魅力を鑑賞文に表現する。互いに読み合い、鑑賞文の魅力も伝え合う。

◎賢治世界の魅力を幅広く引き出す学びとするため、多様な解釈を認め合うよう導く。

② 授業の具体① （第一次　第2時）

1・本時の目標

物語の設定（時・場所・登場人物）を捉え、「五月」の世界と「十二月」の世界の違いに気付くことができる。

2・本時の展開

(1) 2枚の幻灯において時を表す描写に着目し、時間帯や明るさなどを比較して「五月」と「十二月」の世界の違いを実感する。

(2) 場所を表す表現に着目して、登場人物が居る環境と位置を絵に描いて確かめる。

(3) 登場人物（かにの兄弟・父・魚・かわせみ……）を挙げていき、「クラムボン」「やまなし」は登場人物としてよいか議論する。

3・本時のポイント

物語を構成する三要素（時／場所／登場人物）の設定を的確に捉えることで、不思議な世界の舞台を全員が理解する。まず、「何時ごろのお話なのかな？」と問い、「五月」は「日光の黄金」などの表現から、「十二月」は「月明かり」が差しこんでいることなどから、「五月」は昼間で、「十二月」は夜の出来事が描かれていることに気付く。これは、単元はじめに共通に理解しておくべき重要な前提である。

次に、「谷川の底」という場所の設定を確かめたい。かにの兄弟が出てくるために海の中の話と勘違いする場合もあるので、確認が必要である。場所を表す表現を丁寧にすくいあげ、それにもとづいて絵に描く活動を、子どもたちは楽しんで取り組むことができる。

登場人物についてもまた、悩ましい部分がある。「五月」ではかにの兄弟と父のほかに、魚・かわせみが出てくるが、「十二月」にはどちらも登場せず、やまなしが落ちてくる。やまなしは登場人物に入れるか否か、謎の存在である「クラムボン」はどうかと議論になる。この段階では、断定するよりも、「？」マークを残して第二次の読み合う中で自然に気付いていくことにも意味があるだろう。

4・本時のまとめ

二枚の幻灯が「時」を対比的に描いていることに気付く重要な授業である。賢治特有の美しい情景描写がちりばめられた不思議さに誘われ、この作品の世界観にスムーズに入り込める「入口」のような授業でもある。絵本の存在が果たす役割も大きい。

【第2時】物語の設定を捉えよう

③ 授業の具体② （第二次　第4時）

1・本時の目標

　「クラムボン」とは何かについて、根拠にもとづいてそれぞれの解釈を述べ合い、議論することができる。

2・本時の展開

(1)「クラムボン」とは何か（正体）について、思いつく限りの解釈を挙げていく。
(2)解釈候補の中から選び、グループを形成してなぜそう考えられるかを相談する。
(3)それぞれの解釈について、根拠にもとづいて考えを述べ、議論する。

3・本時のポイント

　「クラムボン」とは何かという謎は、初読時からほぼ全員が抱いていた疑問である。いつかみんなで議論したいと願ってもいた。そこで、第3時で「五月の世界はどんな世界？」について語り合った後、いよいよその謎に迫っていく。子どもたちは、「あわ」「太陽」「かに」「小さな魚」「プランクトン」などの候補を挙げる（別のクラスでは「お母さん」「葉っぱ」「月」も）。「あわ」の根拠は、「魚が通ったら消えたから」「太陽が当たって光ったから」「『つぶつぶ暗いあわが流れて』と書かれているから」「『かにのこどもらがあわをはいて』と書いてある→『殺された』は消えたのだから」「Crab ＝「かに」で、bon は bubble ＝「あわ」から変化した言葉だと思うから」など。「太陽」の根拠は、「『にわかにぱっと明るくなり』と書かれているから」「水で光が揺れるのだと思うから」。「小さな魚」「プランクトン」と考えた子の根拠は、「魚が魚を捕っていると思うから」「魚が来たときに食べられたということは、魚のエサだから」と、弱肉強食や食物連鎖を意識したものだった。

　この問いを発することで、叙述をより細やかに読もうとする姿勢が強まる。また、賢治の造語には何かしらの意味が込められているだろうと考え、語源に着目する子も現れた。答えを特定することはできない問いであるが、だからこそ「そういう考えもできるね」「面白い発想だね」などと友達の意見を楽しみながら受け入れることができるのである。

4・本時のまとめ

　本時は、子どもから生まれた問いであるために、学習意欲が非常に高く議論が白熱した。また、解釈を選んで相談する時間を設けたので、発言者は自信をもって意見を述べていた。自分の関心によってグループを形成する形態は、「主体的・対話的」になり、「個別最適な学び

【第4時】「クラムボン」とは何かな？
根拠をもとに議論しよう

と協働的な学びの融合」ともいえる。

④ 授業の具体③ （第二次　第5時）

1・本時の目標

　叙述をもとにして「十二月」の世界はどんな世界かを語り合うことができる。

2・本時の展開

(1)「十二月」の世界はどんな世界か、各自でノートにイメージを記述する。
(2)4人1班でイメージを語り合い、ミニホワイトボードにまとめる。
(3)ミニホワイトボードのまとめをもとに、各班の考えを伝え合う。

3・本時のポイント

　第3時で「五月」の世界はどんな世界かを、同じ4人1班のグループで語り合う授業を行っているので、活動はスムーズに展開する。そして、「五月」で表現した言葉と比較する様子が自然に生まれる。「五月」は昼だったが、「十二月」は夜。季節は、夏から冬に変わっている。色に例えるならば、水色から黒に変わっている。「十二月」の方が景色は暗いけれど、お話の内容的には明るく、テンポが速い。（かにの兄弟の）感情が、恐怖心から好奇心に変わった。かわせみが怖かったが、やまなしによって楽しくのんびりとした雰囲気に変わった。でも、どちらの世界でも、かにの兄弟は新しいことを学んでいる。かにの兄弟の言葉の違いから、成長していることが分かる。「十二月」では兄弟に競争心が芽生え、会話として成り立っていることが伝わってくる。「五月」と「十二月」では語り手の言葉遣いにも違いがあり、「十二月」はミステリーが強く、難しくなっていると捉えた班もあった。「五月」の世界が「楽しい」から「緊張」へと変化して、「十二月」の世界で再び「楽しい」に戻ったと表現する班もあった。対比的構造について、教師が「比べよう」と促さなくても、子どもから「五月と比べると……」が出たのがよかった。

【第5時】「十二月」の世界はどんな世界？

4・本時のまとめ

　2枚の幻灯は、かにの兄弟の目を通した「五月」「十二月」の川底世界の変化と、兄弟自身の変容・成長を描いていると捉えた子どもたち。語り手の語り口調にまで違いがあると感じるとは、予想以上であった。「『十二月』の世界はどんな世界？」という大きな問いを投じたために、どこをどう捉えてもよいという自由度が、読みの幅広さを生んだのだろう。

⑤ 鑑賞文の実例 （第三次　第7・8時）

以下、子どもが書いた鑑賞文の例を紹介する。
※原稿用紙の周囲にある付箋は、鑑賞文に対する鑑賞コメント

二枚の幻灯がつくる対比と共通点

　私は、二枚の幻灯の対比と共通点が面白いと思います。

　まず、二つの季節の情景描写の違いが面白いです。五月は、日光の黄金や光の黄金、光のあみといった太陽を中心とした描写が多いです。逆に、十二月はラムネのびんの月光、月明かりの水の中など月がメインの描写となっています。昼と夜の光の違いを利用して情景描写を使う所がすごいと思います。

　共通点は、かにの兄弟は新しいことを学んでいるというところです。五月は、かわせみという恐ろしさを知り、十二月はやまなしというものの自体の存在を学んでいます。知らない世界を知り、成長しているかにの兄弟を見ていると、こちらまでうれしく、ほほえましくなってきます。

　対比と共通点を同時につくり出す物語をつくれる宮沢賢治はすごいなと思います。

「二枚の幻灯がつくる対比と共通点」
※宮沢賢治の構成力の高さに感心している。

一度読んでも分からない

　宮沢賢治の「やまなし」にはつかみどころのない不思議な世界観がある。

　まず、登場人物に人間はいない。かにの兄弟とその父。自然が織りなす出来事のみで物語ができている。『波から来る光のあみが、底の白い岩の上で美しくゆらゆらのびたり縮んだりしました。』など、いつも私たちが生きている世界からは見えない情景が的確に、かつ美しく比喩されているのも想像力をかき立てる。この場面の時、かにの兄弟はどんな風に動くのか、どんな景色が広がっているのか。そうやって深く考えていくうちに、自分が「やまなし」の谷川に居るような錯覚を覚える。

　文字と、その意味をとらえるだけでは読みきれない自然の中のお話。読むたび読むたび深く考えることができるのが、この物語の面白い所であると私は思う。

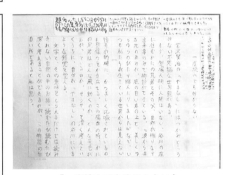

「一度読んでも分からない」
※ 不思議な世界観に魅力を感じ、情景描写の
　的確さと美しさを噛みしめている。

⑥ まとめ

　上記のほかに、「造語を楽しむために」と題して論じる子などもいた。文学は、共に味わい愉しむことに悦びがあることを実感する。宮沢賢治の不思議な世界を鑑賞し、自由に語り合うことで、実に個性的な「考えの形成」が促される。これからも「個別最適な学びと協働的な学びの融合」を通して子どもと共に授業を創り、文学の悦びを共有していきたい。

「『鳥獣戯画』を読む」

単 元 名	読み取った表現の工夫を生かして日本文化を紹介しよう
発　　行	光村図書／6年

東京都・杉並区立桃井第五小学校　小島美和

「子どもと創る言葉の学び」を考える

〈説明文教材〉「個」の考えが生きる授業

　令和3年1月の中央教育審議会答申では、「個別最適な学び」について「指導の個別化」と「学習の個性化」に整理し、児童・生徒が自己調整しながら学習を進めていくことができるよう指導することの重要性が指摘されている。

　これまでの自分の実践を振り返ると、単元末の言語活動では、一人ひとりがリーフレットにまとめたり、筆者の述べ方の工夫を生かして説明する文章を書いたりと、「個」の考えを表現できるようにしてきた。しかし、学習材を読む多くの時間、教師の発問に答えながら同じ学習材をみんなが同じように読む形で授業を進めてきたように思う。どんな言葉の学び、読みの力を身に付けさせたいのかを明らかにした上で、単元のどこで子どもたち一人ひとりの「個」の考えに委ねて授業を展開させていくことができるか、どこで子どもたちに自由に考えさせ表現させるかを教師が考えることが大切になってきている。

　そこで、「子どもと創る言葉の学び」とするために、単元を以下の3つに区切り、そこにどう個別最適な学習を入れることが可能か考えることにした。

---

①導入で子どもたちにどう「問い」を生むか

　「思考のズレ」を生じさせる課題を出し、子どもたちの様々な考えの違いを生むことが大切である。今回は、「『鳥獣戯画』を読むとはどういうことか」を考えるため、自分たちでも『鳥獣戯画』の一部分をどう読むか考えた。

②どのように「問い」を解決するか

　「用語」「用法」「原理・原則」を根拠として、論理的に思考しながら「問い」の解決を目指していく。今回は、「筆者の主張を読む」「筆者が主張したいことを伝えるための工夫を読む」その上で、「『鳥獣戯画』を読むとはどういうことか」を考え、その主張に対する納得度を話し合った。

③「問い」の解決をどう生かすか

　学んだことをほかの作品で活用して学びを広げ、確かな力として定着させていくことを目指していく。今回は、筆者の伝え方のよさを生かして、自分が伝えたいと思う日本文化について紹介する活動を設定した。

---

① 単元構想

1・育てたい資質・能力

〈知識及び技能〉

・日常的に読書に親しみ、読書が、自分の考えを広げることに役立つことに気付くことができる。‥‥ (3)オ

〈思考力、判断力、表現力等〉

・筋道の通った文章となるように、文章全体の構成や展開を考えることができる。 B(1)イ

・引用したり、図表やグラフなどを用いたりして、自分の考えが伝わるように書き表し方を工夫することができる。‥‥‥‥‥‥‥‥‥‥‥‥‥‥‥‥‥‥‥‥‥‥‥‥‥‥‥ B(1)エ

・目的に応じて、文章と図表などを結び付けるなどして必要な情報を見付けたり、論の進め方について考えたりすることができる。‥‥‥‥‥‥‥‥‥‥‥‥‥‥‥‥‥‥ C(1)ウ

〈学びに向かう力、人間性等〉

・文章と図表などを結び付けて読み筆者の主張について考えたり、よさが伝わるよう表現を工夫して書いたりすることに粘り強く取り組み、見通しをもち学習しようとする。

2・単元の概要／教材の特性

　絵巻物『鳥獣戯画』の一場面を取り上げ、アニメーション映画監督である高畑勲さんが、その魅力を解説している文章である。題名の「読む」に着目し、『鳥獣戯画』を読むとはどうすることなのかと子どもたちの思考にズレを生じさせ、読み深めていくことができる。また、論の展開の仕方、文末表現の工夫、絵の示し方など、筆者が読者に伝えるための工夫も多く、子どもたちの興味・関心のある所に着目して読むのに適している。

3・単元構成　全11時間

・は学習内容や活動、◎は指導上の留意点を示す

第一次	絵と文章を照らし合わせて読み、書く活動へつなぐ見通しをもつ（第1・2時）

・絵と文章を照らし合わせて、筆者が何に着目しているか読み、筆者の主張を捉える。
◎「断定」の文末表現に着目しながら、主張を捉えることができるようにする。

第二次	筆者が『鳥獣戯画』をどう読んでいるかを明らかにする（第3~6時）

・「絵」と「絵巻物」に対する筆者の評価や筆者が読者に伝えるための工夫を読む。
・『鳥獣戯画』を読むとはどういうことか考え、筆者の表現の妥当性について話し合う。
◎筆者の『鳥獣戯画』に対する思いやそれを伝えるための工夫を知り、筆者の表現について考えることができるようにする。

第三次	表現の工夫を生かして、紹介する文章を書く（第7~11時）

・学んだことを生かして、日本文化を紹介する。
◎よさが伝わるように、筆者の表現の工夫を生かして紹介文を書けるようにする。

4・文章構想図

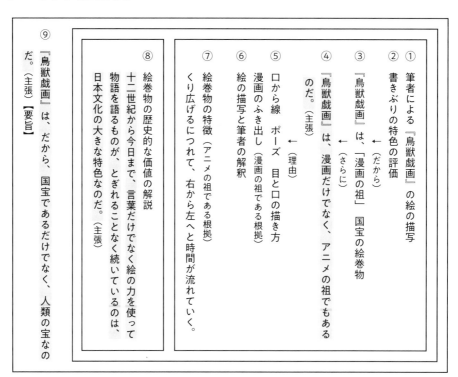

⑨『鳥獣戯画』は、だから、国宝であるだけでなく、人類の宝なのだ。（主張）【要旨】

⑧絵巻物の歴史的な価値の解説
十二世紀から今日まで、言葉だけでなく絵の力を使って物語を語るものが、とぎれることなく続いているのは、日本文化の大きな特色なのだ。（主張）

⑦絵巻物の特徴（アニメの祖である根拠）
くり広げるにつれて、右から左へと時間が流れていく。

⑥絵の描写と筆者の解釈

⑤口から線　ポーズ　目と口の描き方
漫画のふき出し（漫画の祖である根拠）
　　　↑（理由）

④『鳥獣戯画』は、漫画だけでなく、アニメの祖でもあるのだ。（主張）
　　　↑（さらに）

③『鳥獣戯画』は、「漫画の祖」国宝の絵巻物
　　　↑（だから）

②筆者による『鳥獣戯画』の絵の描写
書きぶりの特色の評価

①『鳥獣戯画』の絵の描写

② 授業の実際（第1・2時）

1・『鳥獣戯画』を自分なりに読む

　まず、題名である「『鳥獣戯画』を読む」に着目する。『鳥獣戯画』については、甲・乙・丙・丁の四巻からなる絵巻物として、子どもたちに絵を見せながら説明し、題名をそのまま使って問いの文を作り、「この『鳥獣戯画』を読むとは何をすることか」を考えられるようにする。

・音読すること
・理解すること
・鑑賞すること
・考えること

　このような意見が出されたところで、説明文を読む前に、一人ひとりが『鳥獣戯画』の中から自分で絵を選び、その絵から話を想像する活動を行う。子どもたちに委ねる部分は以下の点である。

> ・『鳥獣戯画』甲・乙・丙・丁の四巻の一部分から選んだ絵１枚から話を想像する。
> ・どう読んだかが分かるように書いて表す。表し方を指定しない。
> ・一人で考えたり、ペアやグループなど周りの人と考えたり、学習形態を子どもたち
>   が自由に選択できるようにする。

　まずは、一人ひとりがどう読みたいか自分で考え、選択・決定しながら学習に向かえる
ようにする。吹き出しのようにして、登場人物が話す台詞を入れていく子もいれば、場面
の説明を入れる子もいるなど、自分の読みを様々な形で表現しようとする。このような活
動を取り入れることで、子どもたちが絵から話を想像する楽しさを味わうことができると
ともに、この後読む説明文で、筆者である高畑勲がどう読んだかについて自分と比べ、筆
者の主張に対して自分がどう考えるかに迫ることができると考えた。

　この時間に限らず、授業の中では、学習形態を自分で選択できるというところも大切に
したい点である。授業の中では、異なる考え方が組み合わさり、よりよい学びを生み出し
ていくようにすることが大切となってくるため、一斉授業においても、集団の中での個人
に着目した指導や、子どもたち同士の学び合い、多様な他者と共に問題解決に挑む授業展
開などの視点から授業改善を図っていくことが期待されている。学習形態を子どもたちに
委ねる授業を日常的に行っていき、自分たちでその都度、自己選択・自己決定できるよう
にしておく。

2・『鳥獣戯画』を読み、筆者の主張を捉える

　その後、説明文を読むと、自分たちが考えた『鳥獣戯画』を「読む」ことと筆者の述べ
ている『鳥獣戯画』を「読む」こととの違いから、子どもたちは、興味をもって読む活動
に取り組む。そして、自分が気付かなかった絵の描写や筆者の書きぶりにも着目してい
く。そのような感想を聞きつつ、筆者の主張を表す文はいくつあるか考える。「断定」の
文末表現に着目すると、以下の三つが主張であることが読める。

第四段落
『鳥獣戯画』は、漫画だけでなく、アニメの祖でもあるのだ。
第八段落
十二世紀から今日まで、言葉だけでなく絵の力を使って物語を語るものが、
とぎれることなく続いているのは、日本文化の大きな特色なのだ。
第九段落
『鳥獣戯画』は、だから、国宝であるだけでなく、人類の宝なのだ。【要旨】

　これらを伝えるために、筆者がどのような工夫をしているか、初めて読んだときに感じ
たことを大事にしながら、筆者の主張の根拠を読み深めていくことにつなげることができ
る。

③ 授業の実際（第3・4時）

1・自分が着目した観点から筆者の思いを読む

　筆者の主張を捉えた後、子どもたちは、それを筆者がどう説明しているのか、具体に目を向けて読んでいく。自分たちが『鳥獣戯画』を見て感じたことと、筆者が表現していることの違いを感じながら読んでいくことになる。そこで、筆者は自分の伝えたいことを伝えるために、どんな工夫をしているか問う。子どもたちからは、**「論の展開」「文末などの表現」「絵の示し方」**などが筆者の工夫として挙げられる。

　子どもたちが注目した筆者の工夫について、この工夫がすごいと感じるものを一つ選び、具体的にどう書かれているのか、それによって読み手にどんな効果が生じるのかをまとめていく。子どもたちは、自分で、または同じ工夫を選んだ子とペアやグループをつくってまとめていく。途中で違う工夫に移ってもよいことを伝え、自由に自分たちで実際にどう書かれているか、根拠となる部分を確認しながら、どうしてその工夫がすごいと言えるのかをまとめていく。それをもとに、最終的には、学級全体ですごいと感じる工夫を共有していく。

○**論の展開の仕方**
- 漫画やアニメを例に説明している。
  - ⇒読者を引きつける。
- 二つの主張と根拠から三つ目の主張へつなぐ。
  - ⇒要旨の中の「だから」を説明し、人類の宝につなげる。

○**表現の工夫**
- 書き出し「はっけよい、のこった。」
  - ⇒読者を引きつける。
- 体言止め「返し技」「かわず掛け。」など、短文で表現している。
  - ⇒スピード感を出す。リズムを生む。
- 語りかけるような書き方①「めくってごらん。」
  - ⇒直接語りかけ、読者を引きつける。
- 語りかけるような書き方②「どうだい。」「同じだね。」
  - ⇒読者に同意を促す。
- 実況中継のような表現「その名はなんと」「おっと」
  - ⇒臨場感を生み出す。

○**絵の示し方**
- 絵を二つに分けて示し、再度つなげた絵を出す。
  - ⇒漫画のような形で表現した上で、絵巻物の中にある時間の流れを感じさせる。

2・「『鳥獣戯画』を読む」とはどういうことか考える

筆者が様々な工夫をしながら、一番伝えたいことである、「『鳥獣戯画』は人類の宝」だということについて、「人類の宝」を別の言葉で言い換えるとどうなるか考える。

- ・祖先たちが大切に保存し、伝えてくれたもの
- ・世界を見渡してもない、特有のもの
- ・自由闊達に表現され大切に残されてきたもの

など、文章中の言葉を使いながらまとめていく。そして、題名に込められた筆者の思いを一人ひとりが考えられるようにする。

3・ 筆者の主張への納得度を数値化し、話し合う

読みの学習の最後に、これまでの読みの学習を通して分かったことをもとに、筆者の主張に対してどのくらい納得ができるかを一人ひとりが数値化して表現し、その理由を根拠とともに話し合っていく。いきなり全体で話し合うのではなく、根拠や理由を準備した上で話し合うようにする。その際、一人で考えたい子は一人でとことん準備を進め、納得度が近い子同士集まって根拠や理由を出し合いたい子は、ペアやグループで話し合いの準備を行い、全体での話し合いにつなげた。

④ まとめ

今回の学習では、第三次で「書くこと」の学習へとつなげ、筆者の伝え方のよさを生かして、自分が伝えたいと思う日本文化について紹介する活動を設定した。第一次から第三次のどの場面にも、一人ひとりが自分で選択・決定し課題解決に向かえるような子どもたちに委ねる場面を設定し、単元を構成した。それが、「子どもと創る言葉の学び」の第一歩であり、個別最適な学習と協働的な学習が一体となった授業改善の第一歩だと考える。子どもたち一人ひとりが学習の中で「〜したい」をどれだけ多くもつことができるか。また、それを大切にした上で、教師が身に付けさせたい力を単元のどこにどのように位置付けていくかが大事である。

そのために、まずは教材をよく読み、子どもたちに「思考のズレ」を生じさせ、解決したいと思わせるような「問い」をもたせるための最初の課題をどう設定するかがポイントである。また、「問い」を解決するための方法を、学習を通して子どもたちにもたせていくことも重要である。「用語」「方法」「原理・原則」を大切にしながら、子どもたちがそれを用いて、課題解決に向かえるようにしていきたい。

■編著者紹介

全国国語授業研究会

筑波大学附属小学校国語研究部のメンバーを中心にして1999年に発足。

授業者の、授業者による、授業者のための国語授業研究会。

年1回の夏の大会には全国から多数の参加者が集まり、提案授業をもとに歯に衣着せぬ協議が行われる。

『子どもと創る「国語の授業」Web』（木曜日配信）、『国語実践ライブラリー』（2001）、『読解力を高める』(2005)、『小学校国語科活用力シリーズ』(2008)、『国語授業力シリーズ』(2010)、『読解力を育てる』(2011)『読解力を高める　表現力を鍛える　国語授業のつくり方』(2012)『論理的思考力を育てる国語授業』(2013)『論理的思考力を高める授業―教材研究実践講座―』(2014)『新教材の教材研究と授業づくり―論理的思考力を育てる国語授業―』(2015)『子どもと創る　アクティブ・ラーニングの国語授業―授業者からの提案―』(2016)『国語授業における「深い学び」を考える』(2017)『定番教材で考える「深い学び」をうむ国語授業』(2018)『対話で深める国語授業』(2019)『小学校国語「深い学び」をうむ授業改善プラン　説明文／文学』(2021)『小学校「個別最適な学び」と「協働的な学び」をつなぐ国語授業』(2022)（以上、東洋館出版社）などを通して、国語の授業力を世に問い続けている。

■執筆者（執筆順）2023年7月現在

Ⅰ章

弥延浩史（筑波大学附属小学校）……p6-13, 30-38
青木伸生（筑波大学附属小学校）……p14-21, 30-38
奈須正裕（上智大学）………………p22-29
桂　　聖（筑波大学附属小学校）………p22-38
青山由紀（筑波大学附属小学校）……p30-38
白坂洋一（筑波大学附属小学校）……p30-38

Ⅱ章

笠原冬星（大阪府・寝屋川市立三井小学校）…………………p40-45
髙橋達哉（東京学芸大学附属世田谷小学校）…………………p46-51
長屋樹廣（北海道教育大学附属釧路義務教育学校前期課程）……p52-57
比江嶋哲（宮崎県・都城市立西小学校）……………………p58-63
藤田伸一（神奈川県・川崎市立土橋小学校）…………………p64-69
山田秀人（沖縄県・宜野湾市立大山小学校）…………………p70-75
藤平剛士（相模女子大学小学部）……………………………p76-81
沼田拓弥（東京都・八王子市立第三小学校）…………………p82-87
石原厚志（東京都・立川市立新生小学校）……………………p88-93
山本真司（南山大学附属小学校）……………………………p94-99
田中元康（高知大学教育学部附属小学校）……………………p100-105
流田賢一（大阪府・大阪市立堀川小学校）……………………p106-111
柘植遼平（昭和学院小学校）…………………………………p112-117
山本純平（東京都・江東区立数矢小学校）……………………p118-123
安達真理子（カリタス小学校）………………………………p124-129
小島美和（東京都・杉並区立桃井第五小学校）………………p130-135

子どもと創る言葉の学び
―「個別最適な学び」と「協働的な学び」が充実
する国語授業―

2023（令和5）年8月10日　初版第1刷発行

編　著　者：全国国語授業研究会・筑波大学附属小学校国語研究部
発　行　者：錦織圭之介
発　行　所：株式会社東洋館出版社
　　　　　　〒101-0054　東京都千代田区神田錦町2丁目9番1号
　　　　　　　　　　　　コンフォール安田ビル2階
　　　　　　代　表　電話03-6778-4343　FAX03-5281-8091
　　　　　　営業部　電話03-6778-7278　FAX03-5281-8092
　　　　　　振替　00180-7-96823
　　　　　　URL　https://www.toyokan.co.jp
デザイン・印刷・製本：藤原印刷株式会社
カバーデザイン：mika

ISBN978-4-491-05302-8
Printed in Japan